国家出版基金项目
NATIONAL PUBLICATION FOUNDATION

当代国外马克思主义研究丛书

陈学明　吴晓明／丛书主编
张双利　汪行福／丛书副主编

批判理论视阈中的协商民主

贺　羡／著

重庆出版集团　重庆出版社

图书在版编目(CIP)数据

批判理论视阈中的协商民主 / 贺羡著.—重庆:重庆出版社,2017.12
(当代国外马克思主义研究丛书)
ISBN 978-7-229-11546-3

Ⅰ.①批… Ⅱ.①贺… Ⅲ.①民主协商—研究 Ⅳ.①D034.4

中国版本图书馆CIP数据核字(2017)第041157号

批判理论视阈中的协商民主
PIPAN LILUN SHIYU ZHONG DE XIESHANG MINZHU
当代国外马克思主义研究丛书
贺　羡　著
丛书主编：陈学明　吴晓明
丛书副主编：张双利　汪行福

责任编辑：徐　飞
责任校对：李小君
装帧设计：刘　倩

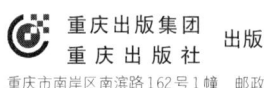

重庆出版集团
重庆出版社　出版

重庆市南岸区南滨路162号1幢　邮政编码：400061　http://www.cqph.com
重庆出版集团艺术设计有限公司制版
重庆鹏程印务有限公司印刷
重庆出版集团图书发行有限公司发行
E-MAIL:fxchu@cqph.com　邮购电话：023-61520646
全国新华书店经销

开本：787mm×1 092mm　1/16　印张：10.5　字数：160千
2017年12月第1版　2017年12月第1次印刷
ISBN 978-7-229-11546-3
定价：26.00元

如有印装质量问题，请向本集团图书发行有限公司调换：023-61520678

版权所有　侵权必究

《当代国外马克思主义研究丛书》总序

对国外马克思主义的研究滥觞于20世纪70年代末至80年代初的"西方马克思主义热"。经过20多年来的发展,今天我们完全有把握说,国外马克思主义研究,尤其是当代国外马克思主义研究,已经成为一门显学。

国外马克思主义研究之所以成为显学,原因是多方面的。首先,马克思主义本身显示出强大的生命力。几乎可以说,在马克思以后,国际上出现的任何重大的社会思潮,都会自觉地或不自觉地从马克思主义那里借贷思想资源,甚至直接地或间接地用马克思主义来命名相关的思潮或学派。在这个意义上可以说,马克思仍然是我们的同时代人。其次,国内的马克思主义研究,特别是马克思主义基础理论研究,必须借鉴国外马克思主义研究的最新成果。作为发展中的国家,我国在现代化进程中尚未经历过的事情,许多国家已经经历过了。它们的经验教训是什么?这些经验教训蕴涵着哪些重大的理论问题?这些问题是否会导致我们对马克思主义基础理论理解上的重大突破?事实上,国外马克思主义者一系列原创性的研究成果,早已引起国内理论研究者的深切的关注和巨大的兴趣。再次,作为社会主义的国家,我国是以马克思主义作为自己的指导思想的,当然应该比任何其他国家都更多地致力于对国外马克思主义的探索,以便确保我国的精神生活始终站在马克思主义理论的制高点上。

作为国外马克思主义研究领域中的长期的耕耘者,我们也深切地体会到这一研究领域20多年来发生的重大变化。复旦大学哲学系于1985年建立国外马克思主义研究室;1999年升格为复旦大学当代国外马克思主义研究中心;2000年成为教育部重点研究基地(该研究领域中唯一的重点研究基地,简称"小基地");2004年,在小基地之外,建立了复旦大学国外马克思主义与国外思潮国家级创新研究基地(该研究领域中唯一的国家重点研究基地,简称"大基地");2005年又建立了国内第一个国外马克思主义自设博士点。2006年,全国又建立了21个马克思主义一级学科,下设五个二级学科,其中包括国外马克思主义研究。所以,从学科建设的角度来看,国外马克思主义已经从马哲史或外哲史的一个研究方向上升为独立的二级学科,而小基地和大基地的相继建立也表明,国外马克思主义的研究已经受到高度的重视。

我们之所以要策划并出版《当代国外马克思主义研究丛书》,其直接的起因是:通过投标和竞标,我们获得了2004年度教育部重大攻关课题《当代国外马克思主义思潮的现状、发展态势和基本理论研究》。这个课题促使我们凝聚大、小基地的全部学术力量,及博士后和博士生中的佼佼者,对当代国外马克思主义做出全方位的、有穿透力的研究。这套丛书具有以下三个特征:

其一,系统性。本丛书试图通过三种不同的研究进路,即"区域研究"、"流派研究"和"问题研究"来构建这种系统性。"区域研究"重点探讨亚洲、非洲、拉丁美洲和南美洲(包括一些社会主义国家,如越南、老挝、朝鲜、古巴)的马克思主义发展现状;"流派研究"主要探索国外最新的马克思主义流派,如"后马克思主义"、"解构主义的马克思主义"、"女性主义的马克思主义"、"解放神学"等;"问题研究"侧重于反思当代国外马克思主义者探索的一系列重大的理论问题,如"全球化背景下的现代性"、"市场社会主义"、"当代资本主义的最新发展"等。通过这三条不同的研究进路,这套丛书将全面而又有重点地勾勒出当代国外马克思主义发展的整体面貌。

其二,前沿性。本丛书对"前沿性"的理解是,把研究的焦点放在20世纪80年代和90年代初以来国外马克思主义的最新发展上。也就是说,重点考察在最近20年左右的时间里,国外马克思主义发展的最新态势是什么?国外马克思主义者发表了哪些有影响力的著作和论述?他们正在思考哪些重大的社会问题和理论问题?当然,为了把前沿问题叙述清楚,也需要做一些历史的铺垫,但探讨的重心始终落在国外马克思主义者所面对的最前沿的问题上。

其三,思想性。纳入本丛书出版规划的著作,除译著外,都充分体现出对思想性的倚重。也就是说,这些著作不仅是"描述性的",更是"反思性的"、"研究性的"。它们不仅要弄清新的现象和资料,而且要深入地反省,这些新的现象和资料可能给传统的理论,尤其是基础理论造成怎样的挑战?如何在挑战与应战的互动中丰富并推进马克思主义基础理论的发展?总之,它们不是材料的堆砌,而是思想的贯通。这也正是这套丛书不同于其他丛书的最显著的特点之一。

我们感到庆幸的是,这套丛书在策划的过程中就得到了重庆出版社总编辑陈兴芜编审和该社重点图书编辑室主任吴立平的热情支持。本丛书的出版也得到了2004年度教育部重大攻关课题《当代国外马克思主义思潮的现状、发展态势与基本理论研究》(课题批准号为04JZD002)的资助,在此一并表示感谢。

俞吾金　陈学明　吴晓明

《当代国外马克思主义研究丛书》续总序

这套《当代国外马克思主义研究丛书》，早在 10 年前就由重庆出版社推出，前后共出版了近 20 部书，由俞吾金教授任主编，陈学明、吴晓明任副主编。当今天再次筹划继续出版这套丛书时，俞吾金教授已谢世　年多，我们的内心充满了对他的敬意与怀念。

俞吾金教授在"总序"中已对出版这套丛书的宗旨、特点，以及对研究国外马克思主义的意义都已做出了明确的论述。这里，我们仅做若干补充。

与 10 年前相比，研究国外马克思主义，特别是研究西方马克思主义在当今中国的意义已越来越被人们所深刻认识。我国的马克思主义理论一级学科中，明确设立了国外马克思主义的二级学科。但是，国外马克思主义，特别是西方马克思主义在当今中国的意义并不仅仅是成为一个二级学科，而主要是通过它在理论和现实生活中的实际作用体现出来的。西方马克思主义是在 20 世纪 70 年代末 80 年代初流传进我们中国的。中国学者已经对其进行了长达 30 多年的研究。西方马克思主义研究在中国的整个译介和研讨过程，大致可以分为三个阶段。这就是：从 20 世纪 80 年代初至 90 年代初；从 20 世纪 90 年代初至 21 世纪初；从 21 世纪初至现在。中国走上改革开放的道路，开辟新的历史时期，关键在于要破除原有的思想障碍，实现思想解放。而在各种思想障碍中，无疑对马克思主义的教条、僵化的错误理解是最大的思想障碍。在改革开放的历史性实践中，先前的思想障碍逐渐被破除，对马克思主义更加深入而全面的理解要求出现了。而西方马克思主义研究的意义就是在很大程度上助成并促使人们从对马克思主义教条、僵化的理解中摆脱出来。20世纪80年代末90年代初，国际风云突变，这主要表现在东欧一批社会主义国家的易帜和苏联的解体。我国的西方马克思主义研究也进入了一个新的阶段。这一阶段我国的西方马克思主义研究的一个重要意义就是为增强马克思主义信念带来推动力，为正确地总结苏东剧变的教训提供借鉴。20世纪末到现在，我国的西方马克思主义研究主要是为开辟中国特色社会主义道路提供某种对照性的理论资源，既为论证中国道路的合理性与合法性提供有参考意义的理论说明，也为破解中国道路面临的难题提供借鉴性的理论启示。西方马克思主义与中国特色社会主义理论体系之间因而产生了紧密的联系。西方马克思主义研究伴随着中国改革开放的整个历史进程。西方马克思主义研究已经构成了当今中国的马克思主义研究，甚至整个理论研究的一个重要的有机组成部分。正因为国外马克思主义，特别是西方马克思主义在当今中国有着不可替代的作用，所以它也理所当然地成为当今中国学界的显学。我们这套丛书的价值与意义是同国外马克思主义、西方马克思主义的价值与意义紧密联系在一起的。

我们清醒地知道，一套丛书的命运固然主要是取决于社会对其需求的程度，但同时也离不开这套丛书自身的品质。为了顺应时代的发展和学术研究的深化，使这套丛书的品质在原有的基础上有进一步提高，我们打算做出以下四个方面的改进：

其一，原先收入本丛书的著作，主要是研究国外马克思主义、西方马克思主义的某一代表人物或者某种思潮、某种流派，现在我们力图强化"问题意识"，在继续推出研究人物、思潮、流派的著作的同时，着重出版以问题为导向的著作。

其二，原先我们的视野主要局限于西方的那些以马克思主义者自居的思想家，现在我们试图进一步扩展视野，把更多的思想家包含进来。具体地说，本丛书所涉及的国外思想家将包括"三个圆圈"："核心的圆圈"还是那些以马克思主义者自居的思想家；再扩展到那些并不自称是马克思主义思想家的国外左翼学者；最后再往外扩展到那些"左翼"以外的学者，只要他的研究涉及马克思主义，就将成为我们的研究对象。

其三，原先本丛书的作者主要是我们复旦大学当代国外马克思主义研究中心和复旦大学哲学学院的教师以及在这里就读的博士生，现在我们将本丛书扩展成整个中国国外马克思主义、西方马克思主义学界的丛书，热忱地欢迎国内外这一领域的相关学者将自己的研究成果列入本丛书出版。

其四，原先本丛书的著作基本上是以"述介"为主，即主要是进入研究对象的思想体系，用中国的思维方式和中国的语言把其讲清楚。现在我们提倡在走进研究对象的基础上，还要进一步从研究对象中走出来，用马克思主义的立场、观点、方法对其做出深刻的研究，本丛书还会继续出版"述介"型的著作，但将更加重视"研究"型的著作。

最后，我们在此对重庆出版集团致以谢意。我们在这里特别要指出，重庆出版集团是对中国的国外马克思主义，特别是西方马克思主义研究做出了重大贡献的。早在20世纪的八九十年代，他们就支持徐崇温教授推出了《国外马克思主义和社会主义研究》丛书。该丛书在中国的国外马克思主义，特别是西方马克思主义的研究史上留下了不可磨灭的印记。我们当时作为青年学者也积极参与了该丛书的写作和出版。我们所编写的《西方马克思主义名著提要》（三卷本），作为该丛书的一个部分，在上海推出时，时任上海市政府顾问的汪道涵先生亲自参加出版座谈会，并发表了热情洋溢的讲话，高度评价重庆出版集团所做的工作。近30年时间过去了，重庆出版集团不改初衷，继续竭尽全力支持国内学界对国外马克思主义，特别是西方马克思主义的研究。他们在与我们商谈出版这套丛书时，根本不与我们涉及当前出版图书通常所见的那种所谓"出版贴补"之类，这着实使我们感动。这使我们在重新策划这套丛书时，从根本上解除了"后顾之忧"。我们希望以交出更多的优秀著作来回报他们，并向他们表示深深的敬意。

陈学明　吴晓明

前　言

协商民主是20世纪以来出现的一种新的民主形态,它是在反思代议制民主的过程中产生的,是对代议制民主所遭遇的新时代挑战的应答。对协商民主理论进行跟踪研究和反思有其必要性,它不仅是当代政治哲学的重要话题,也是当代批判理论的核心内容之一。批判理论家在协商民主理论中扮演着重要的角色,这是由协商民主的内在反思性决定的。马尔库塞对代议制民主的反思,启发哈贝马斯认识到德国战后民主困境的症结所在,促使其构建一种新的民主模式取代议会民主,即协商民主;阿伦特的公共空间理论为协商民主提供了规范基础。此后的协商民主理论经历了三期发展:第一代的代表是哈贝马斯,他是协商民主理论的集大成者。在其理论构建中,协商民主、交往理性和公共领域相互支撑,其中公共领域至关重要,它既为协商民主提供合法性来源,又为交往理性提供平台。第二代的代表是塞拉·本哈比(Seyla Benhabib)、艾里斯·扬(Iris Young)、南希·弗雷泽(Nancy Fraser)和詹姆斯·博曼(James Bohman),他们的协商民主理论与哈贝马斯的思想是一脉相承的。学界对哈贝马斯的理论进行了诸多批评,本哈比和扬在为后者辩护的基础上发展了协商民主理论,提出"多元"是其关键特征。弗雷泽首次区分了"强公共领域"与"弱公共领域",哈贝马斯接受

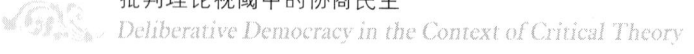

这一观点,对早期理论做了部分修正。针对协商民主缺乏效率的批评,博曼试图结合协商民主与议会民主的优势,兼顾少数与多数的利益。第三代的代表是瓦尔特·巴伯(Walter F. Baber)、罗伯特·巴莱特(Robert V. Bartlett)和黛拉·波尔塔(Donatella della Porta),倾向于把协商民主当作一种社会运动。他们试图在国际环境保护问题上,调和批判理论与实用主义,探索一种新的协商模式,并且初步取得成效。波尔塔在"欧洲民主与社会动员"研究中,运用了一种横跨(根据赋权、包容和平等的程度的)参与和(涉及决策模型和交流质量的)协商维度的类型学,提供了协商民主效用的评估范式。

他们既是协商民主理论家,又是批判理论家,他们的协商民主研究以反思和重构为主,带有浓重的批判理论色彩。道格拉斯·凯尔纳(Douglas Kellner)指出,任何对现状感到不满、对现实进行批判的理论都可以标榜自己是"批判的"。但它们并不都属于"批判理论",因为它们可以是进步的,也可以是落后的,甚至是反动的。只有批判的态度不能形成一种特定的理论派别。批判理论是一个很宽泛的思潮,它涵盖的领域包括文学、心理学、政治学等,它有很多流派,比如心理分析批判理论、马克思主义批判理论、女性主义批判理论、新批判理论、结构主义批判理论、解构主义批判理论、新历史和文化批判理论、同性恋批判理论、非裔美国人批判理论、后殖民主义批判理论等。这些批判理论的分支虽然关注点各异,但具有以下共同特征:第一,批判理论的关键特征是"批判"。在这里,"批判"的意思是"反思",而不一定是"批评",它是对某项标准的检视。"当我们理解一个文本时,我们在做文学评论;当我们检视我们的评论所依据的标准时,我们在做批判理论。"[1]批判理论的理念是"一切固定的东西都烟消云散了",马克思描述资本主义的这句经典名言成了它的有力武器。在如何看待民主方面,批判理论家抱有相同或相近的立场,他们检视了当今主流的民主形式——代议制民主,反思其基础规则——多数原则,发现它越来越无法合理地表达民意,因此试图重新将"参与"引入政治运作中,用人与人之间理性、自

---

[1] Lois Tyson, *Critical Theory Today*. Routledge, 2006, p. 6.

由和平等的交流挽救愈发僵化的代议制,构建一种以平等参与和理性交往为核心的合理性的民主模式。第二,马克思的理论与实践的统一是批判理论的指导原则。在马尔库塞看来,批判理论既保存了哲学的批判性和解放维度,又展示了一种能够实现的社会实践。因此,批判理论家不仅构建理论,而且积极参与社会活动。作为批判理论分支的协商民主也不例外,随着它的成熟,批判理论家在网络平台、社会运动、日常生活、政府决策等领域试验、推广这一民主模式,这将有助于协商民主的进一步完善。

批判理论的反思不仅是对代议制民主和协和民主等现有民主模式的反思,而且也是对协商民主理论本身的反思。具体而言,借用哈贝马斯对事实性与规范性的评论,第一代协商民主理论偏重规范构建,重视协商民主的规范性;第二代则持开放态度,兼顾规范性与事实性,进行跨学科、跨领域研究,同时回应来自不同领域的挑战;第三代以第一代和第二代的规范研究为基础,更偏重事实性,提出了国际环境保护和由全球正义运动推动的公共协商的新模式。其实早在19世纪,马克思就在《摩泽尔记者的辩护》中讨论了一件协商式的实践范例了。它的主题是如何消除摩泽尔河沿岸葡萄种植者的贫困状况。协商的参与方是财政部、特里尔行政区、摩泽尔河和萨尔河两岸葡萄种植业促进协会(以下简称协会)。协会在送呈财政部和特里尔行政区的报告书中统计了该地区近十年的总收入,这一数据显示葡萄种植业连年亏损,要求当局采取免除税收等措施扶助葡萄种植者。地政局局长兼税务稽查官在审核之后给出了以下意见:一、由于协会是由葡萄园主组成的,他们可能为了维护自己的利益而隐瞒真情实况,因此报告书中的数据不可靠。二、葡萄种植者贫困的主因不是税收,而是他们自己"挥霍"(即扩大种植规模)造成的。这显然否定了政府与该地区的贫困之间的联系,甚至否认了该地区的贫困状况。作为妥协,政府也推行了一些措施,如"在葡萄歉收年份豁免捐税;劝告农民转而从事其他经营活动,譬如从事养蚕业;最后是建议限制地产析分"[①]。

[①] 《马克思恩格斯全集》第一卷,人民出版社中文第二版,第375页。

马克思认为,这些措施没有触及问题的根本,"第一种措施显然只能减轻,而不能消除贫困,这是国家破例采取的一种花费不大的临时措施。而且这种减轻所触及的并不是经常性的贫困状况,而只是它的特殊表现形式,并不是人们已经习以为常的慢性病,而只是突如其来的急性病。管理机构采取的其他两种措施,越出了它自己的职权范围。它所采取的实际行动,就在于一面指点摩泽尔河沿岸地区的居民如何自己拯救自己,一面建议他们限制和放弃一种历来就有的权利。这样就证实了我们在前面阐述的论断。因为管理机构认为摩泽尔河沿岸地区的贫困状况是不治之症,认为这种贫困状况的原因同它的原则和行动无关,所以它就劝告摩泽尔河沿岸地区的居民把自己的生活安排得适合于目前的管理制度,说在这种制度下他们是可以勉强度日的。"[1]这一分析显露了该地区贫困的根源:现实与管理模式之间的矛盾。该地区的官僚界普遍认为官方的认识更高明,高级行政当局对自己的官员的信任超过对被管理者的信任;以前管理该地区的官员晋升后往往成为继任者的上司,改变现状意味着对权威发起挑战。这样一来,官方在协商中倾向于为现状辩护,加上穷苦的葡萄种植者没有时间和能力进行申辩,被管理者经常在协商中处于被动地位,所谓协商也流于形式。因此,变革政府管理模式是协商民主能否有效运行的关键。此外,为了使私人愿望有效变成公共信念,需要引入第三种因素——媒体。媒体既是社会舆论的产物,也是社会舆论制造者、传播者,"唯有它才能使一种特殊利益成为普遍利益"[2]。虽然这个例子发生在一百多年前,但马克思已经揭示了现代协商民主的两个必备要素:协商过程的参与者,尤其是官方和民众的意见必须得到同等的尊重和考虑;协商过程应该在媒体的监督下进行。如果不具备这两个要素,即使在现代民主国家中也无法进行有效的协商。批判理论家继承并发展了这一观点,并且提炼出了协商民主的两大核心:平等参与和理性交往。他们在"参与"标签下对自由主义的民主模式展开了独特批判,在协商民主的定义中

---

[1] 《马克思恩格斯全集》第一卷,人民出版社中文第二版,第375页。
[2] 《马克思恩格斯全集》第一卷,人民出版社中文第二版,第378页。

最有革新意义的是重视在界定公共善的对话过程中的"偏好"(preference)形成(或转变)。事实上,协商民主需要偏好在互动中进行转变。"通过这个过程,最初的偏好得以转变,以便把别人的观点考虑在内。"[①]在此意义上,它不同于作为(外生的)偏好(或意见)聚合的代议制民主观念,它要取代后者的(民主)形构。

[①] D. Miller, "Deliberative Democracy and Social Choice", in D. Held (ed.): *Prospects for Democracy*. Polity Press, p. 75.

目 录

《当代国外马克思主义研究》总序　1
《当代国外马克思主义研究》续总序　1

前　言　1

第一章　协商民主理论的规范奠基　1
　　第一节　公共空间理论　1
　　第二节　对议会民主的反思　10
　　第三节　对协和民主的借鉴　27

第二章　哈贝马斯的双轨制协商民主　37
　　第一节　民主的分类　37
　　第二节　公共领域理论　42
　　第三节　新三权分立　60

第三章　对协商民主理论的反思与辩护　65
　　第一节　博曼的完全自由主义的协商民主　65
　　第二节　弗雷泽的正义—民主观　70

第三节 扬的深层民主构想　77
第四节 本哈比对协商民主的辩护和反思　86

第四章　协商民主理论的实际运用　93

第一节 国际环保机制中的协商民主　93
第二节 全球正义运动中的协商民主　99
第三节 作为管理机制的协商民主　107

结　论　122

参考文献　127

后记　149

第一章
协商民主理论的规范奠基

第一节 公共空间理论

阿伦特是当今世界公认的一位学识渊博、见解独到的政治哲学家,尽管她自己并不认同"政治哲学家"这一称谓,但是,她的思想已经成为当代政治哲学无法绕过的里程碑。阿伦特的理论体系有一个核心主题,就是对极权主义进行反思和对抗。围绕这个主题,她提出了一系列具有独创性的观点,深刻地影响着当代政治理论,尤其是当代民主理论的走向。在反思极权主义的过程中,阿伦特发现了"公共空间"(public space)的重要性,因为公共空间培育和保存了人的行动能力和思考能力,人们因为葆有这样的能力和意愿,才能以类似于希腊城邦式的协商方式处理政务。这些协商政治的意义不仅在于结果,更在于协商的过程,民主协商本身就代表了一种至高的政治自由。虽然公共空间是开放的,我们无法确定协商民主会把政治导向何种方向,但有一点可以肯定,这个方向绝对不会是僵死的体制,而是一个充满活力的体制。在这一意义上,公共空间是政治活力的源泉。阿伦特虽然没有明确使用"协商民主"这一术语,但她的政治构思与协商民主是一致的。正是基于对协商民主的信念,阿伦特总是不遗余力地参与各种公民运动,"从1956年短命的匈牙利革命中出现的、草根性质的公民'委员会',到美国反越战示威游行,她都是这些突然爆发的公民活动的热情观察者"①。

在此意义上,阿伦特的思想可视为协商民主的规范源头。由于希特勒是通过民主选举上台的,所以阿伦特十分警惕那种没有民主精神的选举外壳,她也不信任18世纪在欧洲兴起的代议民主制,因为它过分依赖以人数为依据的"多数原则",而人数的多寡跟政策的好坏没有必然的关联,因此她提倡一种参与式民主制度,此处的"参与"不是直接参与,而是一种自下而上的协商系统——"委员会制"(council system)。它以公共空间为基点,进入公共空间是一个人获得政治自由的前提,她把自由定义为"开端启新"(begin)的能力,公共空间就是这种能力的守护者。阿伦特认为,公民参与的方式主要有行动和言语两种,而行动归根到底也是一种言语形式:"所谓行动就是在恰当的时刻找到恰当的言辞,……只有单纯的暴力才是无言的。"②言谈是人在世存在的根本方式,也是真正意义上的政治的本体论基础。不论是对个人还是对群体来说,失去言说的机会和能力就意味着丧失了一种生活方式,正是通过言谈,人的行为、认识和经验才获得意义。阿伦特区分了人的三种基本活动:劳动、工作和行动。它们分别对应三种普遍的、基本的人类境况。劳动的境况来自人的"必然性"(necessity),人需要通过劳动满足自身最基本的生物所需,因而劳动领域是必然的领域。工作的境况来自人的"世界性"(worldliness),人的生活需要栖身地和生活场所,比如农场、定居点、村落、城镇或国家等。行动的境况来自于人的"复数性"(plurality),不同的人生活在这个世界上,他们之间必然会产生联系,因此需要寻找一种能够共存的方式,一起交流观点、磨合差异、创建政治机制。在阿伦特看来,劳动是可以独立进行的,但行动

---

① [美]汉娜·阿伦特:《人的境况》,王寅丽译,上海人民出版社2009年版,导言第2页。

② [美]汉娜·阿伦特:《公共领域与私人领域》,载汪晖、陈燕谷:《文化与公共性》,三联书店2005年版,第60页。

则完全依赖他人的持续在场,"正是在言说和行动的领域,即从活动上讲的政治场域内,一个人的人格特质才公开展现出来;'一个人是谁'(而非他可能拥有的个人品质或才能)才变得清晰可见"①。在阿伦特看来,劳动、工作和行动分属不同的领域,前两者是社会领域的基本活动,只有行动才是公共空间的基本活动,它们应该互不干扰。但是在现代社会中,劳动和工作的空间与重要性日益扩大,而言谈和行动的空间却在缩小。技术进步使劳动者从繁重的劳动中解放出来,但却没有使他们摆脱劳动的惯性。他们自视为劳动者或雇员,从工资中赚取所谓的"生活必需品",即使这些物品根本不是生活所必需的。这种心态使他们没有动力超越大众社会,只能从事类似于制造活动那样的重复计算。无论在劳动还是工作中,人们都不需要行使行动的自由能力,也无法判断和理解自己及他人的行动。正是劳动、工作和行动三者之间关系的改变,人们已经远离了行动曾经占主导地位的希腊世界。

在希腊世界中,由于劳动和工作受到必然性的支配,因而是不被重视的,相反,行动由于其创造性和公共性倍受推崇。只有自由人可以行动,劳动者或工匠由于自身的工作性质本质上是不自由的,与奴隶无异。关于自由人的生活方式,亚里士多德区分了娱乐、行动和思考三种形式,其中思考是最高的、最纯粹的活动。阿伦特不赞同亚氏的观点,原因在于思考是私密的活动,不能被所有人共享,因此不具有政治意义。但是,当希腊和罗马城市国家灭亡后,行动落入了必然性的领域,思考成了唯一真正的自由活动。即使在政治层面,行动也经常被排挤。阿伦特认为,看待政治有两种方式:一种是把"政治等同于统治"②,另一种是把政治当作通过交谈和行动建构权力的方式。在前者中,哲学与政治、真理与治国才能、行动能力与思考能力是相互分离的,公共空间中的一切人类活动,包括讨论、说服、决策、执行等等,不过是一部分人统治另一部分人的策略。即使某些革命者也没有摆脱这种错误的政

---

① [美]汉娜·阿伦特:《过去与未来之间》,王寅丽等译,译林出版社2011年版,第207页。
② Elisabeth Young-Bruehl, *Why Arendt Matters?*. Yale University Press, 2006, p.83.

治观念的束缚,他们不是把行动从必然性的约束中释放出来,而是要建立另一种统治。革命的目标往往不是通过言谈和行动建构共同的世界,而是通过新的机制平等地分配劳动成果。他们的关注点仍然处于必然性领域的劳动和工作,而不是处在自由领域的行动。

行动的退隐部分地解释了当代政治的另一种倾向,即审美救赎主义。有些知识分子由于对行动失望或持有偏见,他们自愿地退缩到艺术创作的自我隔绝状态。阿伦特在学生时代就发现,有些现代思想家对现实持有一种浪漫主义的"自恋"态度,虽然这可以使"灵魂的权力和自主得到保护,但保护的代价是真理。必须承认一点,缺少了与其他人类共享的现实,真理将失去所有的意义"①。海德格尔是这种审美精英主义的典型。纳粹战败后,海德格尔一直过着隐居生活,他瞧不起公共空间,在他眼中,"公众的光辉模糊了一切"。阿伦特谴责这种逃避行为是对世界的不负责任。与海德格尔截然相反的是雅斯贝尔斯,早在1933年他就表明了对纳粹的反对态度,并且带着一股"蛮劲"投入到公共生活中,始终理性地评论公共事件,因此获得了阿伦特的高度尊敬。

公共生活观念由来已久。从亚里士多德起,政治哲学家就开始思考公民之间、公民与政治社会之间、公民与国家之间的关系。在《政治学》中,亚里士多德特别区分了私人(ipikos)和公共(koinon),他"是第一个把私人领域与公共领域区分开的思想家"②。他认为,政治社会应该分为两个领域:公共领域和私人领域。公共领域是城邦、国家和城市的法律和政治领域,与私人领域相对,后者主要由家庭和个体身份构成。在公共领域中,公民的统治是无条件的(人们服从自己制定的规则);在私人领域中,人们可以不受政治规则约束,自由地追逐自己的最大利益。对亚里士多德来说,人是政治动物,只有在城邦中作为公民才能过上好的生活。城邦为公民实现美好生活的潜力提供坚实的保

---

① Hannah Arendt, *Rahel Varnhagen: The Life of a Jewess*. Johns Hopkins University Press, 1997, p. 8.
② Gürcan Koçan, "Models of Public Sphere in Political Philosophy", in *Eurosphere*, 2008, p. 1.

障。如果美好生活是最终目标,对于作为一个整体的政治社群和每个公民来说,人们在私人生活的每项努力都是围绕建立公共生活,为公共生活提供基本的商品和服务,因为公共生活是实现最高善的必要条件。公共生活是城邦的典型特征。它是旨在建立一种美好生活的积极公民身份和政治行动的领域。在这个语境下,公共领域更多地涉及一种政治国家,公民可以在其中理性地讨论"什么可以使他们的政治社会变'好'"的问题。他不认为公共领域先天独立于城邦,而是它的一部分。它使个体变成了家庭的成员,而且变成了公共生活和城邦的成员。从这个立场来看,亚里士多德把公共领域主要当作一种政治和社会制度,它不仅为亲密关系的自然联系赋权,而且调整了私人个体和公共公民、家庭和社会、社会和国家的联系,以保证整个社会的共同利益。这种观念不同于柏拉图对"善"(good)的政治理解,后者没有在本体论上区分公共与私人。对于亚里士多德来说,政治是一个很复杂的事情,比如,城邦的"善"不同于家庭或个体的"善"。在思考国家之"善"的同时不可能忽略每个公民或多数人的"善",至少一些人在追求自身的个体"善"。然而,柏拉图把城邦当作一个同质的整体,每件事对每个人有同样的意义。亚里士多德把私人当作一个特定群体的领域,比如个体、奴隶、女性和家庭;公共是公民的领域。但是两者没有严格的界限,沟通两者的是公共论坛。城邦需要公共论坛,它可以为大量的社会经验提供理性的表达和交流,对国家政策进行系统的批判性检视。

公共空间是光明的空间,而罪恶总是惧怕光明的。"历史上的许多黑暗时代都遮蔽了公共空间,这个世界变得晦暗不明,人们不再过问政治,不再表现出对切身利益和个人自由的应有的关心。"[1]那些在公共空间之外,不能在公共空间中表达自己意见的人是不会理解什么是切身利益和个人自由的,处于亲密关系或独居的人也不会对他人有真正的关切。没有公共生活的"孤立"状态造就了极权主义的大众心理,退出公共空间的现代社会的大众在资本主义扩展和积累原则面前感到自己是"多余的"和"无力的",他们对公共事务提不起兴趣,渐渐从共

---

[1] Hannah Arendt, *Men in Dark Times*. Mariner Books, 1970, p.4.

同生活的世界中"孤立"出来,"不但丧失了现实感,也丧失了合理健全地判断经验的能力",因此"极易被任何势力所鼓动"①。在这个意义上,公共空间是抵抗极权主义的堡垒。反过来,公共空间也是最容易受极权主义威胁和侵害的场所,极权主义是一种力图把所有现实基础破坏殆尽的力量,它极力抹杀人们之间的共通感或"常识",使人们在现实中失去方向,易于操纵。公共空间是最具有包容性的场所,多元性在这里得到滋长,而"极权主义的本质乃是抹平人间世界的所有界线,以及把人之多元压缩成单调如一的集体同一性"②。

为了防止极权主义,每个人都应该成为公共空间中的行动者。行动与每个人息息相关,它对所有人都是开放的,不管人们的差异有多大,行动并不要求人具备特殊才能,除了需要与生俱来的勇气外。行动是内在的、不可预知的,它反映了一个人的个性和内在本质。除此之外,行动还塑造了人与人之间的关系。在这一方面,行动不同于"行为"(behavior),后者是既定的、重复性的、习惯性的,而行动则是自发的、可塑的、灵活的。行为可以使人成为"某类人",无法使人变成"某个人"。人们"可以用正确或错误的道德标准去评判一个行为;但是不能用动机或目的去评判行动,评判行动的唯一标准是'伟大'(greatness)"③。行动也不同于制造,制造和暴力是同属性的。人们通常把暴力当作政治的必要手段,把行动跟制造相混淆,似乎政治就是一种工艺。事实上,暴力和政治之间不存在必然的联系。政治的主题是权力,行动者凝聚在一起就会产生权力。跟大多数政治理论家不同,阿伦特不认为权力依赖暴力,相反,那些诉诸暴力的人恰恰是失去权力(失去行动者支持)的人,他们"不愿或不能找到一种非暴力的手段去

---

① [美]汉娜·阿伦特:《极权主义的起源》,林骧华译,时报出版公司1995年版,第 xiii 页。
② [美]汉娜·阿伦特:《极权主义的起源》,林骧华译,时报出版公司1995年版,第 x 页。
③ Elisabeth Young – Bruehl, *Why Arendt Matters?*. Yale University Press, 2006, p.87.

面对敌人"[1]。也就是说,权力与暴力是相对立的,它们是完全不同的两种面对世界的方式,权力需要持续的讨论和交流,暴力则压制和消灭对手;权力会随着意见的变更而不断更新,因此也更加持久,暴力则十分脆弱,为了自我维持只能诉诸更多的暴力。

也许有人会对行动概念提出质疑,似乎不可控的和无法预料的行动是危险的,阿伦特承认这一点。行动不像制造那样,它往往是在发生一段时间之后,人们才能命名并理解它。这一点与悲剧相似。在所有艺术表现中,悲剧最能揭示行动的特殊性质。在悲剧中,剧中人物的行动被串联在一起,他们的动机、行动原则和结果只是在最后才作为一个整体得到理解。行动的不可预知性的确会给人带来焦虑,但行动是一个人内在本质的体现,不能用压制或消灭行动的方法来缓解焦虑。针对这个困境,阿伦特引入了原谅和承诺两个范畴,作为一种与行动概念相符合的修复和重启公共空间的方式。

在阿伦特看来,"原谅是人类撤销(扭转)已经做过的行为和已经说出的言语的能力。或者说,原谅是'对行动造成的不可避免的破坏的必要纠正'"[2]。原谅不是针对个体的行为,任何行为如果一经被判定是错误的,不管如何都是不可原谅的。原谅的对象是人,被谅解的不是错误的行为,而是宽恕行为的实施者,即作为行动者的"那个人"。行为的责任,不论是道德责任还是法律责任,严格意义上其承受者都是可分离的个体,而"在阿伦特看来,作为一种行动的原谅是一种关系,一种关于人类复数性境况的表达"[3]。原谅是相互的,它可以使人们从未知的行为中解脱出来,只有这样"才能使人成为自由的行动者,只有持续的改变想法和重新开始的意愿,人们才能被委以开端启新的强大

---

[1] Elisabeth Young-Bruehl, *Why Arendt Matters*?. Yale University Press, 2006, p.91.

[2] Elisabeth Young-Bruehl, *Why Arendt Matters*?. Yale University Press, 2006, p.96.

[3] Elisabeth Young-Bruehl, *Why Arendt Matters*?. Yale University Press, 2006, p.97.

力量"①。阿伦特还进一步提出,原谅在政治语境下的表达是"和解"(reconciliation),而和解对政治来说是至关重要的,它可以通过修复已经造成的破坏和扫清公共交往的障碍,使人从已逝的过去中解放出来。

如果说原谅旨在过去,那么承诺旨在未来,它为行动的不可预测性提供了某种保证。政治的事业是共同的事业,承诺与原谅一样都依赖公共空间。承诺的重要性在于政治本质上是创制而不是制作,没有现成的知识,也不存在现成的规则。"政治需要法律或宪法为人们提供行动的空间,但是,当开始行动时,就需要相互承诺的力量把他们联结起来。"②相互承诺不同于"同意"(consent),以"同意"为基础的政治体制是政党制和选举制,而以相互承诺为基础的政治体制是参与式的或协商性的,人们愿意为了"公共福祉"(public happiness)承诺"共同行动"(acting in concert)和平等交流。阿伦特推崇的政府形式是"委员会制"。按照她的构想,委员会制是市镇一级的政府组织形式,公民可以随时随地地表达诉求,虽然它不排斥选举制或代议制,但它首先必须是一个真正共和的联邦结构,而不是一个代议制的等级体制。委员会制在大多数欧洲革命中都出现过,但是在革命结束后它们却被取消了,原因在于对任何追求自上而下的统治的政权来说它总是一种妨碍。阿伦特不是一个浪漫主义者,她意识到,在行动的权利没有得到制度保障之前,真正的政治自由是不存在的,而若要行动成为政治自由的常态来源,那么就必需制度化的力量,尤其是法律的保证。一旦行动进入规范体制,整个公共空间会被引导成为新的权力建构的基础。

一旦新的权力建构形成,它的首要任务是保持公共空间的自由。社会机制像生物有机体一样,需要不断代谢才能健康,难以移除的细胞、阻滞壅塞的气体是致病的根源。同样地,社会必须为观念和利益的流动留下足够空间,把活力不断地注入社会事务中,才可以保持秩序的动态平衡。正所谓"反者道之动,弱者道之用"。公共生活参与者的任

---

① Elisabeth Young - Bruehl, *Why Arendt Matters*?. Yale University Press, 2006, p. 100.
② Elisabeth Young - Bruehl, *Why Arendt Matters*?. Yale University Press, 2006, p. 122.

务不是建立一种秩序,而是创造一系列条件,保证无秩序不会发生。这一系列条件的目的就是不断修正、调整和弥补制度的不完全,使固定的、僵化的秩序成为不可能,使动态的、有活力的行动成为可能;而其核心是为保障参与者享有思考和行动的自由。就个体而言,自由就是一个人改变自身境况的能力,拥有如此能力的人集合起来才能推动社会的变革。"如果美国人发现他们在某个殖民地不自由,他们就会迁徙,并开拓另一块殖民地。广阔无垠、遥远空旷与美国式的自由密不可分。他们确认这种自由,并使之长盛不衰。"①法里德·扎卡里亚(Fareed Zakaria)提出,美国和英国在19世纪初都不是民主政治,两国人民首先争取个人自由,在确立了个人自由、法律平等和法治的基础上,它们才拥有了稳定的民主政治。也就是说,自由是民主的基础和前提。这一方面的反面例子是德国,19世纪末、20世纪初,魏玛共和国一直处于自由和民主的冲撞中,铁血首相俾斯麦虽然推动普及了成年男子的选举权,但不是出于自由的考虑,而是认为"限制投票权有利于选出倾向反对帝制的都市自由派"②,而他所依赖的大众则会投票给支持帝制的保守主义候选人。民主越来越成为德国政客煽动撕裂政治、发展军国主义的权术,最终导致一战的爆发。"民主没有直接带给德国人民自由。"③反过来可以说,因为德国人民没有自由,所以德国的民主是不稳定的,甚至不是真正意义上的民主。这一点是英国和德国民主模式的最主要的区别。"英国资产阶级诞生于工业革命,靠自由贸易和巩固财产权而茁壮,与旧有的封建秩序战斗,得胜之后,按照自己的形象改造英国——商业化、进取性、动力强、流动快。"而"德国的资产阶级是虚弱的、分裂的和顺从国家和其统治封建精英的";"19世纪大部分时候,德国的商业阶级并不要求自由改革,反而希望向封建统治精英妥协","旧有的秩序像老虎钳一样钳制着国家政治"④。大革命时期的

---

① 楚树龙、荣予:《美国政府和政治》(上册),清华大学出版社2012年版,第5页。
② [美]法里德·扎卡里亚:《自由的未来》,上海译文出版社2014年版,第52页。
③ [美]法里德·扎卡里亚:《自由的未来》,上海译文出版社2014年版,第54页。
④ [美]法里德·扎卡里亚:《自由的未来》,上海译文出版社2014年版,第55—56页。

法国跟德国类似,它"所拥抱的是一个没有自由宪政主义基础的民主。自由是从理论上宣告出来的,而非从强大的民间商业、公民社会和独立教会等非政府机构的实际分权制衡实践中取得"①,这种民主的根基是极不稳定的,容易走向极权主义,有学者直接把雅各宾政权称为"极权主义的民主"。

阿伦特虽然没有明确地提出协商民主概念,但是她对公共空间、言语、行动以及委员会制等一些概念的分析,实际上已经触及到协商民主理论的根本问题。只是她过于强烈的共和主义信念使她更多的把协商民主的典范置于古希腊时代,没有阐明在现代社会条件下协商民主政治如何实现。哈贝马斯的双轨制协商民主在一定意义上既是阿伦特思想的继承,也是对它的批判。

第二节 对议会民主的反思

马尔库塞是批判理论的奠基者之一,法兰克福大学社会研究所把自己综合哲学和社会科学的理论称为批判理论,是因为它希望引发激进的社会变革,"在一个既定的社会中,存在着种种改善人类生活的特殊可能性以及实现这些可能性的特殊方式和手段"②。在马尔库塞看来,代议制民主是最紧迫的变革对象,为此他对它进行了深入的反思。"民主的解放力量在于它为个体和社会提供了有效异议的机会,它为性质不同的政府、文化、教育形式、普遍的人类存在形式保持开放。"③但代议制民主没有做到这一点,反而"成了变革最大的障碍,除了向坏的方向发展"④。究其原因,资产阶级的代议制民主不是一种真正的民

---

① [美]法里德·扎卡里亚:《自由的未来》,上海译文出版社2014年版,第56页。
② [美]赫伯特·马尔库塞:《单向度的人——发达工业社会意识形态研究》,刘继译,上海译文出版社1989年版,导言第2页。
③ Herbert Marcuse,"Repressive Tolerance", in A Critique of Pure Tolerance. Beacon Press, 1965, p.95.
④ Douglas Kellner (ed.), Towards a Critical Theory of Society: Collected Papers of Herbert Marcuse, Volume Two. Routledge, 2001, p.165.

主,资本的秩序与民主的逻辑是相背的,民主不可能在资本主义制度内实现平等、开放和包容。在资本主义产生之初,资本对僵化的旧制度进行了摧枯拉朽式的冲击,资本因其自身的扩张本性而具有重新整合、分配资源和权力的巨大力量,这种解构过程是一种进步。解构旧制度的同时,资本主义构建了自己的新秩序,这个秩序以资本为核心(资本主义因此得名),由于资本的本性是增殖和扩张,资本主义的秩序必然是一个世界性的秩序,这个秩序在19世纪中期基本确立。它有如下特点:在经济上,它以市场为主导,根据市场供需自由配置生产资料和劳动力;在文化上,它倡导个体的独立性和自主性,以自由之名论证资本的流动性;在政治上,它主要采用代议制民主,以投票表达个体偏好。这些特点归根到底是为了满足资本的增殖需求。不管在经济上还是文化上,资本主义都强调个体的意愿、选择的多样性和多元性。但是事实并非如此,资本的真相不是一味地开放和包容,而是用"画圣圈"[①]的方法实现"排除"与"包含"的辩证法。按照艾里斯·扬的定义,"排除"指剥夺某些人的基本的政治权利、平等的参与和对话机会。相反,"包含"指拥有基本的政治权利、平等的参与和对话机会(包括自愿放弃权利和机会的人)。排除的理由多种多样,主要有种族主义、性别歧视、经济剥削及其他社会偏见。被排除的人是这些具有被歧视身份的人,相反,被包含的人的身份是不受歧视的。照此定义,真正包含在资本秩序中的人是中产阶级及以上的白人男性。当代社会远远没有达到黑人与白人、女性与男性、穷人与富人平等对话的文明程度。资本主义通过画出白人、男性和富人的"圣圈",把黑人、女性、穷人排除在决策权之外。女性在一百年前被排除在公共领域之外,没有选举权。20世纪之前,在许多欧洲资本主义国家只有少数富人享有完整的社会参与权。"相对平等的公民中享有特权的少数人以排除大多数人的代价统治着他们的国家,像威尼斯、佛罗伦萨和米兰之类的商业城邦国家都是依靠那些排除在外的从属的阶级的劳动而生存的。"[②]它们沿袭了古希腊雅

---

① "圣圈"来自马克斯·韦伯关于新教与资本主义的关联,指某种特权,或者是人们应得的权利,被资本主义伪造成了某种特权。
② [美]查尔斯·蒂利:《民主》,魏洪钟译,上海人民出版社2009年版,第25页。

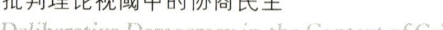

典的民主风格:公民大会"完全是由严格的雅典血统的自由成年男性组成的"①。按照当代的民主观,这种政体根本不是真正的民主制。

资本为什么会采用"画圣圈"的方法呢? 这个问题可以用马克斯·韦伯的理论来解释。他认为,新教倡导节俭和禁欲,辛勤的劳动是为了荣耀上帝而不是为了享乐。荣耀上帝的人将得到上帝的恩宠,他们也将得救,而不受恩宠的人将遭天罚。1647 年《威斯特敏斯特信纲》第三章第三条:"按照上帝的旨意,为了体现上帝的荣耀,一部分人与天使被预先赐予永恒的生命,另一部分则预先注定了永恒的死亡。""第五条,人类中被赐予永恒生命的,上帝在创世之前就已根据他亘古不变的意旨,他的秘示和良好愿望而选中了耶稣,并给予他永恒的荣耀,这完全是出于上帝慷慨的恩宠与慈悲,并没有预见人或耶稣的信仰、善行及坚韧,也没有预见任何其他条件或理由使上帝给予恩宠或慈悲,一切归功于上帝伟大的恩宠。""第七条,上帝对其余的人感到满意,按照上帝意旨的秘示,依据他的意志,上帝施予或拒绝仁慈,完全随其所愿。使他统治自己的造物的荣耀得以展现,注定他们因为自己的罪孽感动羞辱并遭到天谴,一切归于上帝伟大的正义。"②关于恩宠的圣谕是绝对的、超验的,只有通过全面、系统地自我克制才能获得上帝的帮助。"这种禁欲主义的目的是使人可能过一种机敏、明智的生活:最迫切的任务是摧毁自发的冲动性享乐,最重要的方法是使教徒的行为有秩序。"③那些在教会眼中不能按照教会的要求控制自己行为的人,必然不能获得重生,他们被排除在圣事之外,也不能成为教会的合法成员。

教会为了保证自身的权威,对进入者设置了诸多条件,只有符合这些条件的人才会得到承认,也只有他们才不会对教会的统治体系构成威胁。女性进入基督教共同体的唯一方式是贞洁和禁欲,她们不能够

---

① [英]戴维·赫尔德:《民主的模式》,燕继荣等译,中央编译出版社 1998 年版,第 17 页。
② [德]马克斯·韦伯:《新教伦理与资本主义精神》,于晓、陈维纲等译,三联书店 1987 年版,第 75—76 页。
③ [德]马克斯·韦伯:《新教伦理与资本主义精神》,于晓、陈维纲等译,三联书店 1987 年版,第 91 页。

在教会的认可之外享受到身体的快乐,婚姻、性行为只能以教会的仪式作为保证。教会要求介入到教徒们获得满足欲望的过程中,后者的欲望首先是一种被教会允许的欲望,然而,这种经过教会过滤的快乐和幸福已经失去了其本源的冲动和快感,一切获取快乐和幸福的行为都失去了其本源的意义,它们更像是一场臣服仪式,表明对"天父"的忠诚。"基督教在一个女人身上认可的、为了将她置于象征秩序里而要求她的,那就是,当作为一个被圣言授精的处女而生存和自我想象时,她是作为一个男同性恋者来存在的。相反,如果不认可同性恋,如果一个女人不是处女、修女或贞洁的,却享有性高潮和生育的权利,她进入这个象征性的父亲秩序的唯一途径,就是加入到那个存在于享乐的母性身体和象征性的禁忌两者之间无休止的抗争中去——这个抗争将形成犯罪感和禁欲主义,并在受虐狂的愉悦中达到高潮。对于不容易抑制与母亲的联系的女人来说,若要加入象征性的父亲秩序也即基督教的秩序,她就只能禁欲。"[1]

  这样的思考逻辑对资本主义产生了重要影响,出现了资本拜物教。资本主义社会像基督教会一样遵循着禁欲的准入条件,它几乎把后者的所有体系规则都为己所用了。它为它的臣民设计了一套获得幸福的程序,首先他们必须在勤奋工作中才能展现自己的价值,任何与工作无关的享乐或休闲都是无意义的或次等重要的;其次他们的享乐也不是随心所欲的,休闲只能限定在资本主义的消费圈内,也就是说,只有能够刺激生产或消化商品的休闲才是可欲的,从事其他不能促使财富增长的活动都应该有一种负罪感,这就是当代社会的灵修者或苦行者越来越少的缘故。那些不增加社会财富的人的生存状况比之前现代时期更加局促了,他们越来越得不到现代社会的承认,越来越缺少与他人分享经验的机会,并且被污名为"好吃懒做、放纵无羁的人"。其中,乞丐、流浪汉是污名化程度最高的一类。现代资本主义国家普遍倾向于把他们排除在社会事务(尤其是政治过程)之外。他们被视为社会的

---

[1] [法]朱丽娅·克里斯蒂娃:《中国妇女》,赵靓译,同济大学出版社2010年版,第20页。

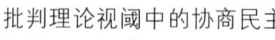

寄生虫，甚至败坏了社会风气，他们必然不能成为资本拜物教"教会"的合法成员。"领取教区救济应绝对取消选举权资格是基本原则所要求的。不能靠自己劳动维持生活的人无权要求随意取用他人金钱的特权。依靠社会其他成员维持生活，这人就放弃了在其他方面和他们具有同等权利的要求。他赖以维持生活的那些人可以正当地要求专由他们管理那些共同关心的事，对这些事他无所贡献，或贡献不如他取走的多。作为选举权的一项条件，应当规定一个期限，比方说登记前五年之内，申请登记者的姓名不作为领取救济者载入教区救济名册。未经证明有偿付能力的破产者，或得到过破产法好处的人，应取消选举资格，直到他偿付了他的债务，或至少证明他现在不是，并且在一段长时间内已不是依靠救济维持生活。长期不交税，以致不可能是出于疏忽时，在继续不交税期间应取消选举资格。"[1]在现代资本主义社会中仍然不乏这项提议的应和者。即使在今天，"特权阶层始终存在，美国也不例外"[2]。

　　资本主义像清教那样总是把一部分人纳入自己的"圣圈"，把另一部分人作为自己的假想敌排除出去。当把某个假想敌"消灭掉"时，它会用另一个假想敌取而代之，以前是国内的某类群体，现在则是国外的某些国家或群体，因为它需要对立面来规划成员的行为秩序。资本主义必然演变为帝国主义。当被排除者通过同化、异化等方式挤进"圣圈"之后，资本主义会制造新的"圣圈"，以此对那些不合作者施压，使他们屈服，最终资本主义将同化一切"异类"，资本的触角将遍布全世界，资本必将统治一切。至此，资本主义实现了"排除"与"包含"的辩证法。但是这个目标很难实现，因为民主的制约力不容忽视。

　　民主的逻辑是打破"圣圈"，实现所有人的平等互动，提供影响决策的同等机会。"民主"一词最初就有"多"的内涵，它的诸要素也都带着"多"的含义：它的主体多元、议题多元、诉求多元、手段多元、空间多

---

[1] [英]J. S. 密尔：《代议制政府》，汪瑄译，商务印书馆1982年版，第131—132页。

[2] [美]克里斯托弗·拉希：《精英的反叛》，李丹莉、刘爽译，中信出版社2010年版，第1页。

元……。按照南希·弗雷泽的理解：

1. 民主是重视个体意见的，不管它是多数还是少数，都应该平等地被倾听。她认为，可以把公共话语大致分为三类：专家话语、流行话语和对抗话语①。在现代社会，专家话语与知识的生产和使用紧密联系在一起，它包含多种社会科学话语，这些话语包括法律话语、行政话语和医疗话语等。它们产生于大学、智囊团、专业团体以及社会服务组织中。现代学科分工明确、彼此独立，容易造成专业局限和信息隔阂，专家对公共事务的评判往往只从本专业出发，难免会有疏漏，因此需要公众意见的补充或纠正。流行话语是广泛传播的传统公众话语。对抗话语是批判流行话语的新兴公众话语。这三种话语对协商民主而言同等重要，它们对决策具有同等的影响力。流行话语体现了广为接受的社会观念，它具有一定的合理性，是维持现存秩序的主力。当某些流行话语滞后于社会发展时，一部分公众就对它们进行批判、反思，最终汇聚成对抗话语。当得到公众的广泛认同时，对抗话语就变成了流行话语，而后会出现新一轮的批判、反思。对抗话语是对社会历史趋势的恰当反映，蕴含着变革的潜能，因此它是协商民主通达正义之途的核心要素，而其他政治体制，如精英式民主往往会忽视或压制对抗话语。专家话语是社会观念的系统表达，它具有自身独特的研究方法和内在逻辑。由于它可以用简单明了的术语概括复杂多变的社会现象，因此能够推进民主的深度和广度。它可以在流行话语、对抗话语和国家政策之间建立起"桥梁"，"专家话语是把充分政治化的需要转换成国家干预对象的潜在工具"②。在此意义上，可以把专家话语称为"桥"（bridge）话语，意指它可以调节公众与国家之间的关系。三种话语涵盖了所有的利益群体，每个人都可以在这三种话语中找到自己的位置，因此保证三种话语在决策过程中的充分表达，就是保证每个人的发言权。

2. 民主是理性的对话和沟通，它给出的结论应该是多元个体经过辩论后达成的合意。虽然伯里克利在"葬礼演说"中一再强调雅典民

---

① 在这里，"话语"特指不同意见在公共领域的表达或呈现。
② Nancy Fraser, *Unruly Practices: Power, Discourse and Gender in Contemporary Social Theory*. Minneapolis: University of Minnesota Press, 1989, p.173.

主制作出决策时的慎重,"最坏的事情莫过于在结果尚未适当讨论之前就匆匆地付诸行动"①,但是"公民大会过于庞大,以至于难以准备自己的日程和起草法案,也不能成为一个吸纳新的政治创见和建议的核心机构"②。一旦民众受到不实言辞的蛊惑,义愤的情绪被煽动起来,被控方往往失去辩护和举证的机会,非理性的判决在所难免。在著名的六将军案和苏格拉底案过后不久,公民大会的成员就对自己当初的决断感到后悔。其实,上述案例违反了民主的逻辑:他们的诉求不多元,被蛊惑的民众是非理性的,他们的诉求是蛊惑者的诉求,是单面性的强制观点。民主要求质疑方理性对待与自己意见相左的观点,并愿意接纳他人对自己的合理批评。这里的关键不是对错与否,而是开放的态度。"包容"是一切美德的开端,它体现了一种把人当作目的的道德尊重。它不仅反映在对异见的态度上,而且适用于主体的设定上。不同群体之间存在着各式各样的差异,如能力、性别、种族、职业、收入等。这些差别本身不能成为一个人是否能够参与政治决策的依据或政治边界设定的标准,因为它们不会构成对话与交流的障碍。

3.民主在空间上是多元的,它的适用范围不应限制在领土国家内,而是支持全球代表权。绝大多数的政治体制都以领土国家为边界,决策的参与者必须是具有一国国籍的公民。然而,"不管问题是全球变暖还是移民、女性还是贸易协定、失业还是'反对恐怖主义的战争',目前公共舆论的变动很少停留在领土国家边界内。他们的交往通常既不存在于威斯特伐利亚国家中,也不通过国家媒体传播。此外,辩论的问题通常就是跨领土的,既不能被置于威斯特伐利亚空间中,也不能通过威斯特伐利亚国家得到解决。"③国际组织、政府间网络和非政府组织对国内事务的影响越来越大,甚至分享了领土国家的许多关键管理职

---

① [英]戴维·赫尔德:《民主的模式》,燕继荣等译,中央编译出版社1998年版,第19页。
② [英]戴维·赫尔德:《民主的模式》,燕继荣等译,中央编译出版社1998年版,第27页。
③ Nancy Fraser, "Transnationalizing the Public Sphere: On the Legitimacy and Efficacy of Public Opinion in a Post-Westphalian World", in *Theory, Culture & Society*, 2007(24), p.14.

能。这种情况不仅适用于相对较新的功能,如环境监管,而且也适用于传统功能,如防卫和治安。外包、跨国企业和"离岸商业登记"(offshore business registry)使基于领土的国民生产在很大程度上只存留于观念中;由于布雷顿森林资本控制的全天候(24/7)全球电子金融市场的出现,国家对货币的控制现在非常有限;调控贸易、生产和金融的基础规则应放在跨国交流平台上来制定。此外,由于移民、迁徙等原因,现在每个国家领域内都有非公民,对话者经常既不是族人也不是伙伴公民,民主应该把他们纳入公共对话中。民主是最具包容性和适应性的政治制度,在全球化时代,民主能够成为有效的决策机制。

然而,这种"民主"不是代议制民主,它从根本上说是适应资本的发展逻辑出现的,是一种"受压抑"或不彻底的民主形式。代议制民主给民众的选择余地很小;首先,有一部分民众是被排除在选举之外的;其次,一部分处于边缘地位的人即使拥有投票权,也无法满足自己的诉求;再次,那些所谓的多数派也容易陷入"多数原则"的陷阱。马尔库塞认为,即使在民主社会中,多数人的意见也不是出自独立思考,而是公共舆论的独断。多数人的意见脱离了实体的多数人,变成了持久的自我复制。这样的多数意见与卢梭的"公意"相对立。

在代议制民主中,精英的意见对舆论和决策的形成具有至关重要的影响。1787年,美国十二个州的代表在制宪会议上进行协商,废除实行八年之久的《邦联条例》,制定了一部联邦新宪法。当这部宪法被拿到各州去审议时,支持者与反对者势均力敌,引发了一场激烈论战。其中,支持者的论证后来集结成《联邦党人文集》。从制宪会议上的协商到州代表会议的审议,政治精英千方百计说服民众,让更多的人站到自己的阵营里。他们引经据典,论据涵盖美国的地缘政治、世界各国的贸易关系、西方政治制度的兴衰等。这些论据是没有受过良好教育的普通公民所不能掌握的,他们在政治精英提供的材料中进行思考,提取自己的观点。然而,选取的材料本身就已经打上了政治精英个人的思想烙印,从这些材料中提取的观点必然会导向政治精英支持的结论。至于哪种结论能够占上风,就要看谁能把自己的观点跟民众的切身利益更紧密地联系起来。事实上,这里的"民众"也是某种精英,"宾夕法尼亚数度起草名为'政府框架'的基本法。第一稿提出宾夕法尼亚政府由总督、参事会和议会构成,议会分成两院,第一院由拥有5000英亩以上土地的业主组成,第二院由拥有50英亩以上土地的自由民选举的代表组成"[1]。在这里,有权进行投票决议的人是一群经济精英。精英式民主在民众受教育程度普遍不高的时代,能够最大限度地调动知识精英的才智,使决策合理化。它在某种程度上可以变革旧规则、建立新秩序,推动社会的进步。但是,当受教育程度和交流手段提高到一定程度时,精英式民主的局限性就显现了。随着网络技术的发展,人们可以自由获取各类资料,这时精英的观点就不再像以前那样确凿无疑了。他们的意见只不过是众多立场中的一种。在具体问题上,已经不能用简单的"是"或"否"来概括多向度的观点了。然而,代议制民主仍然坚持两分法,强行把民意划分为黑白两队,要么支持,要么反对,要么出列。许多需求其实在决策过程中是无法表达出来的,这就封闭了进步的可能性。另一个需要注意的问题是,由精英组成的官僚结构形成了一种高度集权、等级森严、自上而下垂直控制和管理的科层体系,这导致了官僚与民主之间发生了严重的矛盾和冲突:民主所要求的平等价值被严格的行政等级所窒息;行政集权的灵活应变特点被行政体制的墨守成规、思维僵化所窒息;行政集权过分强调行政效率和政府生产力,而忽视了由此导致的社会不公平的后果;在民主运作中,对民众负责的是民选官员,而对民众做出回应的却是行政官员。行政官员与民众之间的责任链条不仅是间接的,甚至是断裂的,政治首脑对行政的控制在严密的科层官僚制中往往化为虚无,反而沦为行政所实际支配的傀儡。

举例来说,美国的民间组织为受虐待女性提供庇护所、避难所和意识觉醒场所。这些庇护所的组织是非等级的,在职员与受庇护者之间没有明确的界线。许多咨询者和组织者自身就受过虐待,很多受过庇护的女性为其他受虐女性提供咨询,并成为组织的积极分子。可以说,

---

[1] 楚树龙、荣予:《美国政府和政治》(上册),清华大学出版社2012年版,第23页。

这种庇护所是一种互助团体,在平等、轻松的氛围中,受害女性能够很快掌握新的自我描述和行动模式。她们中的绝大部分一开始责备自己、捍卫施虐者,现在她们抛弃了这种理解,并修正了自己的社会关系和社会认同。这些安排的成效明显,20 世纪 70 年代末,针对女性的家庭暴力在很大程度上变成了合法的政治议题。若干市区意识到家暴的严重性,当地政府也纷纷资助庇护所。然而,家暴议题的政治化产生了消极后果:市政资助带来许多新的行政限制,庇护所职员逐渐被专业社工代替,这些社工大多没有受到过虐待。专业人士和顾客的关系取代了更加具有流动性的关系群。受虐女性现在被当作顾客了,她们逐渐被精神病化,被当作深层的、复杂的自我的牺牲品,治疗话语取代了"意识觉醒","配偶虐待"术语的中立性也取代了更加政治化的语言——"针对女性的暴力"。结果,庇护所的活动反而变得更加个体化、非政治化。对社会和经济独立的先决条件的诉求让位于一个更狭窄的、对个体女性"低自尊"问题的关注。

这个例子并不意味着女性庇护不应该受到政府资助,而是说明一项议题一旦被政治化就很可能被简单化。在代议制民主中,一项议案被提出,代表们往往围绕它的"是"或"否"展开讨论,如是否有必要建立庇护所?政府是否有必要对它们进行资助?至于庇护所应该雇用哪些人,他们与受害女性应该如何沟通这些"细枝末节"的问题根本上不了台面,于是受害女性的真正需求得不到满足,而这实际上才是庇护所议题的价值和核心所在。为什么"细枝末节"的问题得不到充分讨论?代议制民主在建立之初就带上了浓重的专家治国色彩,在上述枝节问题上,专家被默认拥有丰富而系统的知识,专家清楚地"知道"受害女性需要什么,专业社工"知道"如何引导受害女性走向"正途",而公众对此知之甚少,甚至连受害人也不知道自己到底需要什么,因此也就没有讨论的余地了。女性庇护本来可以成为超越等级化秩序的突破口,但精英式民主把等级化的家庭关系变成了等级化的公共关系,非但没有释放进步潜能,反而加深了伤害。

除了代议制民主容易忽略少数派的意见和利益外,其政治基础——多数原则——虽然在历史上(如法国大革命期间),多数原则的确是人数占优势的第三阶级对抗贵族的有利武器,"第三阶级明白表示,它只愿在以人数计票的大会里处理事务"①,但当它脱离了革命情境后——是否能带来令"多数人"满意的结果是可疑的。为此,巴里做了一个思想实验来证明多数原则的不确定性:在一节没有标示"能否吸烟"的车厢里有五个人,他们将决定要不要在车厢里吸烟。首先假定他们只能做出一种决定;其次,只有两种选择——吸还是不吸;再次,决策的选民是毋庸置疑的;最后,结果无关他们未来的长远福利。保持这个实验的两分性,在这个基础上加入一些其他的选择事项,如是否播放晶体收音机。设五个乘客是A、B、C、D、E,w代表反对吸烟,x代表支持吸烟,y代表反对播放,z代表支持播放,可能出现的结果如下表(从1到4偏好依次下降):

排序	A	B	C	D	E
1	wz	wz	xy	wy	wy
2	xz	xz	xz	wz	xy
3	wy	wy	wy	xy	wz
4	xy	xy	wz	xz	xz

在直接投票中,ABDE更偏向w,CDE更偏向y,因此结果是w和y,但是wy这对组合不如xz这一组合的支持率高。这时,多数原则到底意味着什么呢?

如果把两分换成三分:完全反对吸烟、可以吸香烟但不能吸烟斗和雪茄、无限制地吸烟,分别用x、y、z来代表。假设五个人的偏好顺序如下:

---

① [英]威廉姆·道尔:《法国大革命的起源(第二版)》,蔡百铨译,"国立编译馆"1995年版,第139页。

排序	A 和 B	E	C 和 D
1	x	y	z
2	y	z	y
3	z	x	x

这时中间选择将会获胜。

假设 C、D 不喜欢吸烟,如果不让他们吸雪茄,那么他们宁可完全不吸并让车厢保持清新,那么偏好将变成:

排序	A 和 B	E	C 和 D
1	x	y	z
2	y	z	x
3	z	x	y

将三组进行对比发现,x 胜过 y,y 胜过 z,z 胜过 x,这时多数原则导致了一个"投票悖论",多数与少数的较量形成了一个环。五个人是决策者还好说,但是如果场景变成政治实体,如国家、省市或跨国组织,是否能成为选民资格本身就是涉及权力分配和资格承认问题,"谁应该被包含在内"是一个首先要解决的政治问题。洛克认为,多数原则只有建立在所有个体同意的基础上才有效。这种观点是自相矛盾的:那些不同意现存体制的人却希望成为它的成员。另外一个例子更加直观:一个人留有 600 的遗产,他生前欠两个人各 300,欠另一个人 600,那么应该如何分配他的遗产呢?第 种方法是给前两个人各 150,后一个人 300;这时,前两个人都会不满意,他们认为他们应得的钱被后一个人占有了;第二种方法是给前两个人各 300,后一个人分文没有,这时,大多数诉求者得到满足,只有后一个人觉得不公平,然而,这种分配方法显然是不公正的,多数人赞同的并不一定是公正的。

在代议制民主中反对一项政策并不意味着对与其相反政策的支持,如智利总统阿连德(Isabel Allende)的反对者既不希望她上台,也不希望她被军队推翻,因为如果后者掌权将会实行血腥统治。这时用投票表决和多数原则就无法反映他们的意见。简单地谈论赢或输是不合理的,因为存在反对、支持和中间三种态度,如果中间倾向反对,那么它们会联合起来打败支持,反之亦然,因此在整个社会议题上,没有绝对的胜利者或失败者,只有在某些问题上的完全满足者、部分满足者和不满足者,那么总体来说,所有人都得不到完全的满足,他们只能获得部分满足。这个结论是在动态的环境下做出的,也就是人与人之间的关系是流动的、社会阶层和社会资源也是流动的,然而,它在现实社会中不具有可操作性。社会关系、地位和资源一旦建立,那么它就具有了相当的稳定性,一种深层的偏好会一直占据主导地位,因此三部分人的分布不是随机的,他们的机会也不是均等的。在某些问题上的少数派经常在其他问题也是少数派,因为这些社会议题,尤其是关系重大利益的议题都是相互连结的。政治差异反映了同类人口的政治经济分层。民主程序本身会产生多数原则所要求的结果。在单峰的中间获胜模式中,只要是靠近中间偏好的党派就可以获胜,不需要它具有强烈的获胜动机。所以,这种模式产生的结果总是中庸的,也就是说,不激进也不保守,是典型的妥协。

关于国家之间的领土争端问题,多数原则在理论上和实践上也是无效的,它不能缓和冲突,有时甚至在加剧冲突。1919 年的《凡尔赛合约》中指出:如果一国的少数希望独立而多数不同意他们独立,倘若少数是一个"国家",那么应该遵从少数的意见。然而,这只不过是另一种提问方式,也就是说,多数可以在领土范围内决定他们的政治形态,但是就上述情况而言,如何确定这个领土范围呢?英国相信大部分直布罗陀人愿意与他们保持殖民联系,但西班牙认为英国人是对他们领土的篡夺,他们反对这种联系,那么这时的"多数"如何计算呢?多数仅指直布罗陀人还是西班牙人加直布罗陀人呢?

此外,在车厢实验中,吸烟与否跟那五个人的切身利益关系不大,但是如果这五个人中有气喘或咆哮症,那么情况就不同了,这时吸烟就变成一个严重的伤害了。当吸烟者了解到这种情况,即使他们占多数,他们通常也会放弃吸烟,但交流就会发生阻碍,而整个旅程的体验也会变得不愉快。这种情况下,自我保护原则胜过了多数原则。在巴里看来,无意中引起的伤害与故意引起的伤害之间不存在道德上的区别。但是,这并不是否认由民主程序产生的法律没有效力。多数人为什么能够"天然"地代表所有人?因此,在领土以及涉及到人身健康的问题上不应该采取多数原则,而是应该保护每个人的利益。"少数派不应该遵守忽略自身的重大利益的法律。"①有的学者指出,这个问题可以通过设计一种有效的民主程序来解决。但这里的问题不是什么样的程序是最好的,而是一个人应该如何做出实际决定,并且考虑做出这一决定的程序本身。

巴里设想了一个跟罗尔斯的"无知之幕"类似的情景,不过跟罗尔斯不同的是,他假设人们根据自身的重大利益来决定自己的立场,他们对所有可能的立场都很了解。在这个虚拟的环境中,是否需要法律,如果需要那么它们应以什么形态出现?有两种可能,一种是完全不要法律;另一种是仅需要法律当作调和个体之间关系的建议。法律是否因为其本身而被遵守,还是仅仅因为违犯法律要受到惩罚?实际情况是两者兼有。经典的社会契约论已经提出过这个问题,它的回答更倾向于后者。人们需要稳定的期望,所以需要遵守法律,并且需要适当的惩罚以防止违法的发生,但是契约论不希望人们仅仅因为惧怕惩罚而遵守法律,或者当经过精明的算计后,惩罚足以保证守法时,人们才愿意守法。客观地讲,那些选择原则和制度的人不希望他们无条件地服从法律。在某些情况下,违法和反叛是必要的。对普通违法的惩罚的理由不是因为这种行为是自私,正如绝大多数经济行为都是出于自私,但它们是不受谴责的。巴里认为,违法主要侵害了受害者的利益,它利用了他人为了合作而对自身优势的克制。用罗尔斯的术语来说,罪犯是使其受益的社会合作中的"自由骑手"(free rider)。

拿午夜禁酒令来说,没有人可以保证自己在晚上十点四十分之前停止饮酒,人们只是担心警察找麻烦才遵守这项法令。然而,这个法令

---

① Brian Barry, *Democracy, Power and Justice: Essays in Political Theory*. Clarendon Press, 1989, p.38.

没有给任何人带来好处，反而打消了周末娱乐的兴致。这样的情况还有很多，法律反对堕胎、避孕、"场外投注"(off-course betting)，法律规范心甘情愿的成年人之间的性关系。违背这样的法律不会使任何人遭遇不公，所以当人们违反它们的规定时，他们不会有任何负罪感，也就是说，这样的违法不会造成任何负面结果。大规模地违法最终会使这项法律死亡。正如克里斯汀·贝(Christian Bay)所言，在美国对禁酒法案(Volstead act)的规避不是出于什么高尚的目的，人们偷偷地规避这项法令，甚至克拉伦斯·丹诺(Clarence Darrow)说私酒贩子在为美国人民的自由而战，并且预言人们将在公园为阿尔·卡彭(Al Capone)[①]竖立起雕像。最后这项法令被废止了。这是没有人从克制中受益的例子。接下来是有受益者，但不是互惠性的。例如南非的种族隔离政策，它使占人口少数的白种人受益，它有什么理由让其他种族的人也同样遵守这项法律呢？新闻报道称对违背隔离法令的罚款只是一件日常生活事件，而不是对错误行为的补救。格林(T. H. Green)认为，南非的国家基础是强力，而不是意志。就反对的大多数而言，这项法令只不过是把对法律的实用主义态度合法化了。

多数原则不等于民主程序，这一论断可以从两个方面来分析：首先，只要以特定的方式将得到考虑的偏好分类，多数原则可以产生满意的结果。对多数原则所产生的结果跟民主程序的一般趋势相比较。在一个所有问题都可以两分的国家，每个人都有相同的概率成为或不成为多数、赢得或失去提案的通过，多数派跟少数派中的人的满意度是相同的。一个人能否成为多数，其概率根据多数在人口总数中所占的比例而定，例如，如果多数指60%，那么他就有60%的概率成为多数；如果多数指70%，那么就是70%，依此类推。假设一个人得到他所要的结果是+1，不想要的结果是-1，x代表平均多数，那么每个人能够期望的满意度是$(x-0.5)\times 2$。举例来说，当平均多数是0.7时，每个人可以期望的满意度是0.4。然而，多数原则使平均满意达到最大值，因

[①] 阿尔·卡彭(1899—1947)，美国禁酒时期芝加哥的黑帮老大，最后以逃税罪被捕。

为它永远不可能抬高平均满意度来取悦少数人而不是多数人,即使每个获胜者的平均所得跟每个失败者的平均所失相同。如果人们处于无知之幕中,他们试图把满意水平的平均值最大化,那么多数原则是最佳选择,因为其他选择将会降低平均满意度,对于具有同等的满意期待的人来说,这只能使情况变得更糟。当少数派失败时,他们丧失了满意度,但这种丧失不是出于订立法律本身,而是出于法律的运作。当那些少数派的人忽略这项法律而不受惩罚时,他们就不会感到失落;同样地,如果这项法律受到大范围地抵制,那么多数派的人也不会觉得得益了。但是,在每项法律的运作中都有一种纯粹的利益,也就是从长远来看,每个人都可以平等地分享这些利益。因此,在无知之幕中,采取惩罚等约束措施保证人们遵守多数人支持的法律是有利的,即使不是出于审慎的动机。

现在不考虑第二种情况,只考虑第一种情况,即出于最大化所有人的平均满意度而选择多数原则。但是,如果一个人考虑避免对自身利益的最大损害,多数原则就不再有吸引力。以原子社会的极端例子来说明,在这个社会中,人们的投票没有任何联系,并且把社会分成两个僵化的群体,每个群体都有单一的偏好,因此相同的人一直处于多数或少数中。这时每个人的平均满意度仍然是$(x-0.5) \times 2$,但是x变成了多数在总体中的比例了;每个少数群体成员的期望值都是-1,显然,他们会在每项议题上失败。

多数原则不是什么新鲜事,中国古代就已经有了"以民意行事"的传统。人祭、裹足,这样的例子不胜枚举。多数人的压力,觉悟的人觉得这是不对的,但民众总是愚昧的,民意难违,陋习照常。"水能载舟,亦能覆舟。"作为旧王朝反叛者的唐朝开国者深知民众力量的可怕,所以经常反省自己的言行,是不是触犯了民众?是不是对民众不好了?上天要惩罚了。在无知之幕下,理性人会接受在原子社会或多元社会中根据多数原则产生的结果,多元社会意味着存在许多群体并且它们之间的关系是流动的。在这种社会中,多数原则给予每个群体同等的机会成为多数,这就是美国20世纪50年代的社会图景。这个体制为百分之六十到百分之七十的美国成年人服务。然而,当社会越来越变成一种少数群体一直不能把诉求转化成政策的模式时,与单一多数对立的、有理性的少数群体成员就拒绝接受这些政策。假设所有议题都是两分,是非常严格的、不现实的,如果把条件放宽,就像前面所论述的,持中间立场的人将会获胜。在这种情况下,对多数原则的特性的考察就是对中间派的特性的考察。接下来再考虑另一个极端:与原子社会完全相反的社会,在这个社会中地位完全不会改变,在这种情况下,理性人也不会支持多数原则。

基于上述观点,代议制民主有两条出路:"一是全球范围内的新法西斯主义,一是社会主义。"[1]马尔库塞认为,前一种趋势更有可能,因为它不需要废除现有的体系,而只是强化它就可以了。1972年的"水门事件"表明,美国的代议制民主已经开始堕落,水门丑闻"证明了美国的领袖们和政治机构是最不值得信赖的"[2]。尼克松的再次当选是代议制民主向新法西斯主义转变的缩影。代议制民主的现代特征是工人阶级被"资产阶级民主化"了,他们为代议制民主提供了大量的选民,用选票为资本所控制的民主买单。代议制民主已经征服了一切社会领域,包括教育机构、市政、军队等。最后,议会的作用被削弱了,经济占了上风。美国民主已经受到经济权力的操纵,不再能抵御法西斯主义了。

面对这种险境,马尔库塞把希望寄托在新左派身上,认为他们肩负着攻击民主的资本主义基础,捍卫民主的任务,也就是"分离资本主义的政治形式与其经济结构"[3]。但他们太弱了,不能把资产阶级民主转变成社会主义民主。克服这个弱点需要利用民主机制,让民众能够自己预测保守的、反动的新法西斯主义趋势。此外在国际层面上,冷战结束后的民族解放运动在一定程度上有助于社会主义民主的建立。民族解放运动仍然对全球资本主义体系造成冲击,因为民族解放运动具有

---

[1] Douglas Kellner (ed.), *Towards a Critical Theory of Society: Collected Papers of Herbert Marcuse*, Volume Two. Routledge, 2001, p.165.

[2] George Brown Tindall, *America: A Narrative History*, Volume Two. W. W. Noton & Company, 1984, p.1320.

[3] Douglas Kellner (ed.), *Towards a Critical Theory of Society: Collected Papers of Herbert Marcuse*, Volume Two. Routledge, 2001, pp.177–178.

多米诺骨牌效应,民族国家内部的阻力会降低发达国家对稀有矿产、廉价劳动力的获取。民族解放运动所持的"独立"、"自主"理念还会影响发达国家的民众,面对这种情况,发达国家还要应对内部共产主义因素的增长,这使它们腹背受敌,战线拉得过长。摆脱直接或间接的殖民统治与社会主义因素的增长是同时发生的,但是人们也应该意识到这个过程的曲折,比如前殖民地国家目前仍然没有脱离发达国家的控制:第一,大部分拉丁美洲、阿拉伯国家、缅甸和泰国依赖国外资本,这种经济控制有时比直接的殖民统治更加有利可图。第二,民族解放运动无法对抗美国的军事力量,尤其是核武器。

第三节 对协和民主的借鉴

1968年,荷兰学者利普哈特提出了"协和民主"的概念,它与"多数民主"相对,目的在于探索"在异质性强、多元化程度高的社会中通过广泛的权力分享来达成彼此对立的各个社会集团之间的妥协和共识,从而建立起稳定的民主制度的可能性"[①]。他把这种民主模式的特征概括为:巨型联合内阁;局部自治;选举的比例性;少数派否决权。它的适用范围仅局限于社会、语言、文化、种族和宗教高度分化的斯堪的纳维亚低地国家。他分析了奥地利、比利时、瑞士和荷兰政治系统;在社会上不同阶级、地域、文化等所产生的分裂,被所属阵营纳入系统之中,形成"柱状化"(pillarisation)结构称"柱状体"(pillar),以此结构为前提的联合政权内,各阵营进行"和解的政治"(politics of accommodation)。协和民主的本质特征不是进行特殊的制度安排,而是通过精英们的协商努力保持政治体系的稳定。协和民主虽然跟代议制民主同属于精英式民主,但它的精英色彩更浓,更加强调精英或领袖人物之间的磋商。它的"和解"、磋商和尊重少数派等特点在一定程度上影响了协商民主

---

① [美]阿伦·利普哈特:《民主的模式:36个国家的政府形式和政府绩效》,北京大学出版社2006年版,译者前言第2页。

的规范构建。对协和民主的研究可以让我们清楚地认识它们之间的联系和区别。

"和解"(accommodation)这一术语在16世纪被引入到英语中,原意指"提供食宿",后来演变成"协调(conciliation)的过程、结果或精神"[①],这个用法可以追溯到17世纪。《牛津英语辞典》引用1645年出版的《意志自由》:"我所理解的'和解'指的是异见者与教会其他成员在实践结论中达成合意。"[②]但是这种用法很少出现在日常对话和写作中,它远没有成为一种特指某一现象的政治术语,就像(20世纪30年代对德国和意大利的)"绥靖"(appeasement)或(70年代对中国和苏联的)"缓和"(détente)。这个词的现代用法指对所有可能合意的形式和内容采取深思熟虑的含糊其词。因此,这个词经常用来描述阿拉伯-以色列冲突,以推测双方是否能够达成"和解",而不必说明它们将签署一项协议还是逐渐接受现状。"协和"(consociation)这个词比accommodation更加冷僻,它也是现代政治学的概念。根据《牛津英语辞典》,它是一个抽象的名词,表示联合在一起、结成伙伴关系、结盟的行动或事实。它主要是在教会之间正式合作协议的语境下作为一个具体概念,特别是长老会教徒和(美国)公理会教徒的同盟关系。在哲学意义上,它可以指任何联合或联盟,与association同义,它既可以充当一个抽象名词,也可以作为一个具体名词使用,前者指联合的事实,后者指实际的联合。

和解政治与协和民主指称同一种制度,例如荷兰的政治制度。和解用于解决存在意见分歧和冲突且很难达成共识的情况。这个概念的一个关键要素是缺少广泛的政治共识,而不是完全缺乏共识。另一个要素是党派的领导者必须愿意维护这种体系。他们必须愿意并且有能力在相互孤立的党派之间建立联系,在缺乏共识的背景下,解决严重争端。利普哈特认为,"协和民主指由精英卡特尔进行统治,把包含分立

---

① Brian Barry, *Democracy, Power and Justice*: *Essays in Political Theory*. Oxford University Press, 1989, p.100.

② See Brian Barry, *Democracy, Power and Justice*: *Essays in Political Theory*. Oxford University Press, 1989, p.100.

政治文化的民主变成一种稳定的民主"①。在协和民主中,"对立的亚文化精英"愿意并且有能力就不同的利益和要求进行和解,因为他们有义务维护这个体系,并且他们认为和解是一个可行途径。这个界定包含四个要件,第一,存在相互对立的亚文化或利益,也就是在多元社会的背景下;第二,协和民主是精英或领导者之间的和解;第三,他们对和解体系负责;第四,他们都同意用和解的方式解决争端。瓦尔·劳瑞恩(Val Lorwin)用这个概念来指涉比利时的多元结构,他在研究中发现,这个结构越来越不能牵制冲突了。他引入这个概念的方式是对阿尔蒙德的政治体制的类型学的修改。上文已经提到,在后者的类型学中,同质文化和交叉的成员资格与稳定的、有效率的政府相联系;异质的亚文化则与不稳定的、失效的政府相关。利普哈特借鉴了这种分类,但重新对它们进行了组合:文化和交叉的成员资格与不稳定的、失效的政府相对应,它们交互在一起的产物就是协和民主,同质文化和交叉的成员资格是它的社会文化特征,不稳定的、失效的政府是它的政治特征。有学者认为,荷兰、比利时、卢森堡、奥地利和瑞士是协和民主的典型,英美也有可能向这个方向发展。但是,巴里认为,瑞士根本不符合协和民主理论的要求,奥地利、比利时和荷兰也不像通常所认为的那样实行严格协和民主。② 在利普哈特的理论中,协和民主有几个可识别的特征:稳定、分歧、异质、精英和解,还有一些协和策略。协和民主的定义所暗含的意思是,在文化异质和分歧的背景下,只有精英运用一些协和策略进行协商才能实现稳定。这意味着协和民主是"多元但稳定的民主",实行协和民主的国家被精英卡特尔所管理。

用罗伯特·达尔(Robert Dahl)的术语来说,亚文化指"在一个国家相当长的历史上存在的不同态度、观点和价值,它们给了特定亚文化

---

① Arend Lijphart, "Consociational Democracy", in Kenneth McRae (ed.), *Consociational Democracy: Political Accommodation in Segmented Societies*. Toronto: McClelland and Stewart. The Carleton Library, 1974, p.79.

② See Brian Barry, *Democracy, Power and Justice: Essays in Political Theory*. Oxford University Press, 1989, p.105.

中的个体一种与其他亚文化中的个体相区别的身份意识"[①]。亚文化的分裂程度取决于不同亚文化的自我认同程度。"亚文化仇恨"只存在于一种亚文化想把另一种消灭掉的渴望中。瑞士存在文化分裂,但不存在文化仇恨。在协和民主中,决策更偏向于"友好协定"(amicable agreements)模式,而不是多数规则。全体一致是友好协定的核心。在"友好协定"中,一方必须做出让步,即便如此它还会受到其反对者的憎恨,这一让步使它违背了自己的意愿,而以多数原则为主导的选举中,就不存在违背意愿做出妥协的情况,要么获胜,要么失败,而不会妥协。"友好协定"的程序设计把个人的不满和反对掩盖下去,因为它貌似是自己选择的结果,表面上看来具有以共识为基础的合法性。瑞士的亚文化仇恨水平很低,这不是由决策的优先模式造成的,而是因为瑞士不存在产生严重仇恨的冲突,他们的需求跟他人的需要是兼容的,不必威胁他人的利益就可以满足自己的物质、福利和文化的需求。在协和民主模式下,政党可以跨过亚文化群体的裂隙,它是对政党的极端主义的缓和,就语言群体来说,一个政党不能代表某一特定语言群体的单方面的利益,相反,每个政党都考虑到所有语言群体的要求,它们的诉求表达中也包含了这种考虑。[②] 巴里认为,一般的"跨越裂隙的假设"可以解决所有冲突是未经验证的,但政党和社会文化的"跨越裂隙"可以缓和冲突还是可信的。"在瑞士,当政党在裂隙带上寻求支持时,(如果有可能的话)就会在竞争选举中扼杀群体之间的冲突,等选举结束后,就不需要做什么了,因为没有一个政党拥有对抗其他群体的坚实的群众基础。"[③]

有学者指出,荷兰和比利时不再需要协和民主了,因为它要解决的冲突已经不存在了。至于瑞士,1849 年到 1891 年,它的联邦议会由自由民主党(即天主教民主党)组成。在联邦议会层面,友好协定根本不

[①] R. A. Dahl (ed.), *Political Oppositions in Western Democracies*. New Haven, Conn: Yale University Press, 1966, p.371.

[②] See J. Steiner, *Amicable Agreement versus Majority Rule: Conflict Resolution in Switzerland*. Chapel Hill: University of North Press, 1974, p.49.

[③] Brian Barry, *Democracy, Power and Justice: Essays in Political Theory*. Oxford University Press, 1989, p.113.

能成为协调政党分歧的工具,因为这些政党要进入议会,必须掩盖自己的独特性。执行者和立法者之间的关系,特别是联邦议会成员被单独地选举出来,而不能预先就普通程序达成共识,这大大降低了产生多党政府的概率,也许瑞士体制能够运行良好就得益于参与社会管理的政党之间的高度共识。奥地利是议会民主向协和民主转型的成功例子。民主政府在1918年以后的第一共和国时期崩溃了,但是1945年第二共和国时期却保持着稳定,是什么造成这种反差呢?是两个党派的"大联盟"(grand coalition)。不过,这种大联盟不同于瑞士的,后者的联邦议会的成员是以个人名义进行选举的,而不是作为一个党派的领导者。一些党派在联邦层面没有形成领导权体系。然而,奥地利的大联盟则是高度纪律性的政治党派之间博弈的结果。内阁服从于委员会,议会服从于前两者。对奥地利政治状况的考察都是在同一个背景下进行的,即精英行为。第一共和国是精英之间的冲突,第二共和国是精英卡特尔。结果,前者是共和国崩溃,后者是稳定。在崩溃与稳定之间,利普哈特所谓的协和民主起了多大的作用呢?如果起作用的话,也是有限的,因为与向协和民主转换比起来,在同一个宪法和政党结构框架内对精英行为的调整显得更加便利、更少成本。

此外,在其他条件不变的情况下,协和民主对于稳定的民主而言既不是必要的,也不是充分的。1934年,"陶尔斐斯政变"(Dollfuss' coup)终结了第一共和国。这个政变是天主教社会党的政党,它"不是为了抵制社会主义者,而是抵制纳粹对天主教社会党地位的进一步侵蚀"[1]。天主教社会党与社会主义者的联合不能阻止纳粹势力,因为1932年,天主教社会党失去了支持。双边的"红黑"权威制度而不是单边的"黑色"制度避免了对天主教社会党地位的威胁。但这不是协和民主,因为它不是真正的协商或协和,而是两个党派联合起来压制第三方势力的兴起。1918年至1934年的第一共和国采用了竞争性的议会政府,而不是协和体系。1938年,希特勒入侵奥地利,天主教社会党与

---

[1] Brian Barry, *Democracy, Power and Justice: Essays in Political Theory*. Oxford University Press, 1989, p.123.

社会主义党的合作并不能阻挡德国入侵和第一共和国终结的命运,至多是推迟它的灭亡。

战后德国和奥地利的政治体系都是主要由大的社会民主党、大的保守或天主教政党、小的中产阶级自由主义政党组成,它们在议会中分享席位。瑞士更倾向于代议制民主,因为它也采取投票方式和多数原则,它更倾向于达成共识,而不是解决目标冲突。奥地利在1945年到1966年是完全的协和民主,但它没有用协和机制把冲突保持在可控范围内。荷兰和比利时在处理危机方面都是协和的,但这不是"大联盟"的首要特征,而且大联盟即使不是无所不包的,但也是超大的。比利时像其他西欧国家那样符合"最小获胜联盟"(minimum winning coalition)。它们的政体之所以被称为协和民主,主要是因为它们组成政府的方式,而不是公共政策的重大变化的决定因素,如英国。

这些国家的模式作为经典案例使协和民主在其他有分歧的社会中更加具有适用性。许多国家的经验表明,协和民主更适于处理阶级和宗教冲突,而不是种族冲突。选举受以种族为基础的党派操纵的政治体系如圭亚那、斯里兰卡、北爱尔兰、尼日利亚都不宜实行协和民主。种族群体的要求不能通过政党体系表达出来。"弗兰德—瓦隆冲突"(Flemish – Walloon conflict)对协和民主理论的意义是晦暗不明的,因为基本上没有用到方法。劳瑞恩在1965年第一次发表的论文中提出,为什么"20世纪60年代中期的语言－地区张力比意识形态差别或社会阶级张力更棘手"。他说,"没有被承认的代表来提出要求、进行谈判或实现承诺"[①],因此对统治党派的语言和地区要求的挑战是广泛的、分散的,它们不仅来自对立党派、地区和语言党派,而且来自统治党派中自命的语言和地区发言人。与宗教或阶级问题相比,如果争议的问题是种族问题,那么敌对的领导者更有可能成长起来。由以种族为基础的政治政党主导选举的最新的例子是圭亚那、斯里兰卡、北爱尔兰。尼日利亚是另一个例子。宗教和阶级的领导者比种族领导者在理

---

① 参见 V. R. Lorwin, "Belgium: Conflict and Compromise", in K. D. McRae (ed.), *Consociational Democracy* Mcclelland/Stewart, 1974, pp. 179 – 206.

解集体利益方面有更多的空间。一旦种族情绪被激起,它会恐吓自己的生命,如二战期间印度次大陆和印尼的集体屠杀。塞浦路斯和北爱尔兰发生的案例的规模虽然较小但同样让人沮丧。

加拿大和北爱尔兰这些被种族身份所划分的社会比以阶级、宗教的差异为基础进行分化的社会更容易抵制协和民主。因为后者的差异的显著性可以被不断增长的文化多元化所冲淡,但种族因素却不能不断增长。"宗教和阶级冲突是组织之间的冲突,而种族冲突是团结群体之间的冲突。种族冲突是一种团结群体之间的冲突。这些群体是否具有组织化身是依情况而定的,但许多情况下,它们只要通过某种方式组织起那些属于本群体的人,就不需要特定组织来鼓动一场暴乱或族群迫害。当我们回想起族群的领导人必须有能力让追随者支持任何自己赞成的协议,这一因素对协和民主的重要性就十分明显了。"[1]"种族群体会有领导者,但种族群体不是被它跟随特定的领导者的事实来定义的。如果现在的领导者支持某些符合其追随者利益的事务,那么他们的对手就会宣称这是出卖,并纠集人与其决裂。相反,罗马天主教徒在定义上是那些接受教会权威的人。尽管主教与非神职人员组织之间存在纠纷,后者希望'比教皇还要天主教',比官方路线更不妥协。"[2]肯尼思·麦克雷(Kenneth McRae)指出,从协和民主的角度来看,加拿大存在两大缺陷:一是由于选举的不确定和扭曲,亚文化无法在内阁中充分表达自己的利益;另一个是亚文化的内部联合不够强大,不足以通过选举在内阁中达成共识。[3] 爱尔兰不适用实行协和民主的第一个理由是,北爱尔兰的天主教派、异见派和世俗派有各自的学校、传媒和团体,不适于协和民主式的权力分享。在断裂化的社会,协和民主的政治设计不一定保证少数派能分享权力。第二个理由是,协和民主要求把各

---

[1] Brian Barry, *Democracy, Power and Justice: Essays in Political Theory*. Oxford University Press, 1989, p. 131.

[2] Brian Barry, *Democracy, Power and Justice: Essays in Political Theory*. Oxford University Press, 1989, p. 131.

[3] See Kenneth McRae, *Consociational Democracy: Political Accommodation in Segmented Societies*. Toronto: McClelland and Stewart. The Carleton Library, 1974, pp. 252–253.

党组成一个"超级政府"（oversized government），然而，这个超级政府一旦瘫痪，政权就会被颠覆。

抵抗教派和工人阶级组织在领导者对成员的控制力上有明显不同。天主教党派的领导者容易替换，但是党派的成员却不容易离开，即便如此，领导人对党众的影响还是很明显。一个目前得到承认的领导者在协和过程中有代表成员的信心。种族群体也有领导者，但领导者对其徒众的影响不大，而且更容易产生针对现任领导的反对派，只有那些采取极端立场保护种族利益的领导者才有可能保住自己的地位，因此他们更不容易妥协。二战时印度和印度尼西亚的社群屠杀就是例子，塞浦路斯和北爱尔兰也有类似的例子，只不过规模较小。罗马天主教徒却忠于教会权威，甚至是教会等级。如果领导者与徒众发生分歧，领导者总有办法使徒众"听话"。再者，种族问题比阶级或宗教问题更加明确，更少商谈余地，比如对一个人是否是共产主义的界定就十分模糊，"在哲学社会科学领域有 1970 年 7 月的对经济学、哲学、法学和历史学一系列文章和专著的批判（学者们对苏联的工业化等许多问题提出了异议，并且提出要重新阅读马克思和列宁的著作，并且以此来重新审视苏联的历史事件……）"[①]。苏联可以把自己的意识形态称作正统的马克思列宁主义，学者也可以把它当作对正统马列主义的背离。宗教或阶级对国家如何运转的关注其实是人们该如何相处的问题；种族不关注国家该如何运转，而是它是否应该是一个国家。很难对这个问题进行商谈，因为至少一方不愿在现存框架内解决这个问题。种族冲突比阶级或宗教冲突更容易引发内战。

阶级或宗教问题中的核心问题主要是国家应如何运行，也就是人们应该如何相处的问题。但是在种族问题中，关键就不是国家应如何运行，而是它是否应该是一个国家的问题了。一个群体应该成为一个独立的国家吗？现存的国家是否应该被另一个国家完全吸收？可谈判的余地很小，因为至少有一个党派不想在现存框架内和解。威廉姆·基奇（William Keech）的《语言多样性与政治冲突》把种族认同的相关

[①] 闻一：《回眸苏联》，山东人民出版社 2003 年版，第 269 页。

能力作为冲突的基础。他把"种族差异"当作"语言和宗教差异"的同义词,但巴里不同意这种用法,他把种族等同于传统意义上的"民族"(people 或 race)。基奇提出的中心问题是,瑞士伯恩郡的说法语者和说德语者之间的关系为什么比弗雷堡郡更恶劣,尽管弗雷堡的德语少数民族比伯恩的法语少数民族遭受的歧视更甚。回答这个问题的关键术语是"种族认同"(ethnic identification):在伯恩,问题不在于这些人说法语,而是这些人永远不会成为伯恩人,他们想脱离伯恩;在弗雷堡,少数民族不被认为与公民身份相冲突,他们认同自己是弗雷堡人,他们不想分离,而是想在这个地方得到完全的平等。

巴里质疑了对协和民主的传统认识,他不相信瑞士的群体冲突都是由于政治精英的操作而解决的。以往对协和民主中缺乏共识的观点没有任何佐证,假设政党在社区事务上具有高度的共识更为合理。西欧是一个"社区社会"(communally divided society),解决社区冲突是其最重要的政治实践。协和民主在一些地区和国家成功地解决了社区冲突。但是在另一些国家,协和民主可能会破坏社会正义。在南非,白人垄断了最好的农业耕地、矿产和大型企业,他们在重大社会利益面前拥有优势发言权,他们在所谓的民主中坚决维持自己的特权地位,在这种情况下,协和民主可能会固化现状。事实也证明,虽然南非在名义上宣布废除种族割裂,但不能从根本上改变种族之间的不平等。协和民主是否能够实现社会正义,关键取决于采用这种模式的社会是否是碎片化的社会。在没有完全碎片化的西欧社会中,政党往往基于宗教、种族、民族等归属标准来决定自己的倾向,而不是基于社会经济分层体系。在现实中,那些受到歧视、被视为二等公民、被剥夺文化表达或社区组织的人往往诉诸多数原则。这时少数群体的发言权就会遭到排挤,如果民众的偏好分布呈葫芦形,也就是中间群体最少时,中间群体为了实现诉求就会向多数偏好靠拢,而离少数群体越来越远。这就是"同化"(assimilation)的过程,多元社会最终将被单一社会取代,最终使民主走向专制。

协和民主在领土较小的多元文化社会中比较有效。多元社会是最稳定的民主社会。民主的稳定性取决于社会团体多样性和个人成员身份多重交叉的程度以及政治的相关性。"心理压力不仅存在于大众身上,也存在于精英层中:拥有异质的、多重成员身份的社会团体的领袖们会坚持采取温和中庸态度的必要性。当一个社会存在着非常明晰而严格的分层,没有或很少有重叠的成员身份和忠诚的时候,即,当政治文化碎片化程度很深的时候,就不存在产生温和中庸态度的压力了。而政治稳定性正依赖于这种温和的中庸态度,也依赖于多重成员身份。"[1]在协和民主中,"多数可能会回撤他们的最大化诉求,而接受少数群体为平等的伙伴"[2]。

但是多数向少数妥协的结果有时会威胁到整个国家的利益,如1848年森纳堡战役之后瑞士的建立,1917年荷兰的"绥靖",复杂的黎巴嫩平衡法案,1945年奥地利对黑人和红色人种的妥协。协和民主的提出者利普哈特认为,协和民主违背了多数原则,但没有太偏离规范的民主理论。协和民主的整个观念与党派为了他们支持者的偏好而竞争的观念格格不入。"协和民主的典型特征是党派领导人不为他们的支持者的利益说话(从支持者的立场上来看),而是在一定程度上试图带领他们的追随者走一条妥协之路。"[3]协和民主的模式是少数控制多数。如果协和,为什么还要民主呢?这种疑问使它陷入身份尴尬境地。在这一点上,协商民主克服了协和民主的缺点,它不追求少数控制多数或者相反,而是少数与多数对公共事务的平等参与,因为一种民主模式如果强调某些群体的作用,那么它是具有排他性的,它维护的仍然是一种特权。

---

[1] 阿伦德·利普哈特:《协和式民主——对阿尔蒙德西方民主体系类型的扩展》,庞娟译,载《经济社会体制比较》2012 年第 2 期,第 95 页。

[2] Brian Barry, *Democracy, Power and Justice: Essays in Political Theory*. Oxford University Press, 1989, p. 53.

[3] Brian Barry, *Democracy, Power and Justice: Essays in Political Theory*. Oxford University Press, 1989, p. 55.

第二章
哈贝马斯的双轨制协商民主

哈贝马斯是协商民主理论的集大成者,他致力于协商民主理论的规范构建,为协商民主实践打下了坚实的基础;他提出了自由主义民主、共和主义民主、程序主义民主或协商民主三种规范民主模式;继承了阿伦特关于公共空间、行动和判断的观点,发展出了一套更加成熟的双轨制协商民主理论。哈贝马斯的协商民主有两大理论支柱——公共领域和交往理性。用一句话来概括,哈贝马斯所谓的协商民主就是在人们公共领域中进行理性的交往。

第一节 民主的分类

民主作为一种政治制度肇始于古希腊,当时的民主是一种适用范围小的直接民主。随着时间的推移,不同地区在借鉴古希腊的直接民主的基础上,发展出了许多不同种类的民主形态,按照不同的标准,它们具有不同的名称。许多学者都提出了自己的划分方法,比如阿尔蒙德把西方民主体系分为三类:英美体系、欧陆体系和斯堪的纳维亚等低地国家体系。赫尔德把民主理论划分为四种:古典民主、共和主义民主、自由主义民主以及马克思主义的直接民主理论。哈贝马斯在前述研究成果的基础上提出了民主的三种规范模式：自由主义民主、共和主义民主、程序主义民主或协商民主。他关于前两种民主模式的区分主张借鉴了弗兰克·米歇尔曼（Frank Michelman）的观点。

自由主义认为，"民主进程的作用在于根据社会的不同利益来安排国家，其中，国家是公共管理机器，社会是私人及其社会劳动按照市场经济规律进行交换的系统"①。民主的功能在于联合和贯彻私人的社会利益，用以对抗国家，而这种联合的前提是个体相互能够达成共识。"对于关心个体自治的自由主义者而言，政治问题纯粹是每个人的自我决定、尊重社会秩序和基本法律的问题，这在经验和判断严重分歧的世界中是无法实现的，因为人们很难在社会安排的关键问题上达成共识。"②共和主义则认为，政治的功能不仅仅在于管理；相反，政治是整个社会化进程的构成因素。政治是一种道德生活关系的反思形式。自发的团结共同体的成员通过政治可以意识到他们相互之间的依赖性，就可以作为公民把已有的相互承认的关系有意识、有意志地发展和塑造成为一个自由和平等的法人联合体。除了行政权力和私人利益之外，共和主义把"团结"当作第三种社会一体化的源泉，因此，政治交往就有了不同于国家机器和市场结构的规范，民主规则必须确保公民的沟通实践具有整合力和自主性。共和主义民主的优点在于，它坚持通过交往把公民联合起来，并坚持社会自我组织的激进民主意义，而且不把集体目标完全还原为不同私人利益之间的"调和"；不足是过于理想化，并让民主过程依附于公民的道德趋向。但是，政治利益的均衡是道德话语无法完成的，它需要不同政党之间的妥协，妥协是否公平，关键要看前提和程序，即如何协调多样的交往样式。

建立在交往前提之上的民主模式就是程序主义民主，它融合了对话性政治和工具性政治，结合了共和主义民主的理想商谈和自由主义

---

① [德]尤尔根·哈贝马斯：《民主的三种规范模式》，曹卫东译，2008 年 02 月 01 号 http://www.ptext.cn/home4.php?id=2237。

② Frank I. Michelman, "Brennan and Democracy: The 1996 – 97 Brennan Center Symposium Lecture", in *California Law Review*. 1998(3), p.404.

的决策程序。这种民主程序在协商、自我理解的话语以及公正话语之间建立起了一种有机的联系,并证明了这样的一种假设,即在这些前提下,合理乃至公正的结果是可以取得的。哈贝马斯赞扬民主法治国家所具有的规范力量,在这种国家中,只要是经过包容性和话语性的意见和意志形成过程就具有了合法性。"现代社会要靠三种不同的媒介来维系,即货币或市场,管理的力量或国家的行政管理,以及共同的价值、规范和语言来实现一体化。团结一致的共同生活观必须超越社会差异,而前提是所有公民都有机会通过民主方式参与立法。"[1]他认为法律下的平等保护不足以构建宪政民主,人们不仅要在法律面前平等,还必须能够把自己理解为约束性法律的制定者,应该平等地投入到决策过程中进行民主对话。话语理论同意共和主义的看法,认为应当把政治意见和意志的形成过程放到核心地位,但又不能把法治国家的宪法看作是次要的东西;相反,话语理论把法治国家的基本权利和原则看作是对如下问题的必要回应,即民主程序所具有的充满各种要求的交往前提如何才能得到制度化。话语理论并不认为,话语政治的现实必须依赖于具有集体行为能力的全体公民,而是认为话语政治必须依靠相应程序的制度化。话语理论在更高的层次上提出了一种关于交往过程的主体间性,它一方面表现为议会中的商谈制度形式,另一方面则表现为政治公共领域交往系统中的商谈制度形式。这些无主体的交往,无论是在做出决策的政治实体之外或之内,都构成了一个舞台,促使关于整个社会重大议题和需要管理的内容的意见和意志能够形成,并且多少具有合理性。根据这种民主概念,在规范意义上,要求把重心从金钱、行政权力转移到团结头上,而金钱、行政权力和团结这三种资源共同满足了现代社会的一体化要求和控制要求。

三种民主模式对于理解合法性和人民主权有着不同的影响。自由主义认为,民主意志形式的功能只是为了使政治权力的运作具有合法性。选举结果是获得行政权力的许可证,而政府必须在公众和议会面前证明对这种权力的行使具有合法性。共和主义认为,民主的意志形

---

[1] 曹卫东:《曹卫东讲哈贝马斯》,北京大学出版社2005年版,第14页。

式还有更重要的功能,就是把社会建构成为一个政治共同体,并让人们在任何一种选择中都能深切地感受到这一建构活动的存在。政府之所以享有权力,成为不偏不倚的角色,不仅仅是经过在不同的领导力量之间进行选择,而且也依靠贯彻一定的政策。政府与其说是一个委员会,不如说是一种国家机器,它是自我管理的政治共同体的一个部分,而不是分制的国家权力的顶端。话语理论提出了另外一种理解:意见和意志具有民主形式,对于政府和权力机关依靠权力和法律做出决策而言,其程序和交往前提是最重要的话语合理化力量。民主协商要达到的目标是在尊重个体言论等基本权利的基础上实现自由平等交往。"在沟通行为中,人们通过'实践对话'(practical discourse)达成的协议是他们追求各自利益的先决条件。"[①] 商谈之于个体利益的追求和保护之所以如此重要,是因为"没有任何办法比个人的实际参与更能有效地防止他人从不同视角曲解个人的自我利益"[②]。"哈贝马斯一方面强调,在实践商谈中,参与者的目的是为了'努力澄清一种共同利益',而不是力图'在相互冲突的个别利益之间求得一种平衡',但另一方面,他又坚持认为,根据正义的原则,只有个人才有权决定是否放弃自己的个人利益,任何人都无权要求别人按照利他主义的原则行事。这说明,归根结底,个人是否放弃其个人利益完全取决于他的个人动机资源。"[③] 参与者不仅亲自去商谈,而且要达成一种道德共识。"在哈贝马斯所说的沟通行为中,参与者仅仅克服不开明的利己主义是不够的。因为,克服不开明的利己主义只能有助于利益冲突各方达成策略性妥协,而实践商谈的目的并非策略性妥协而是道德性共识。"[④] "不受控制的交往自由的潜力,确实具有一个无政府主义的核心,民主法治国的建制如果要卓有成效地捍卫所有人同等的'主观自由',这个核心是它赖以为

[①] 慈继伟:《正义的两面》,三联书店2001年版,第92页。
[②] Jürgen Habermas, *Moral Consciousness and Communicative Action*. MIT Press, p.67.
[③] 慈继伟:《正义的两面》,三联书店2001年版,第94页。
[④] 慈继伟:《正义的两面》,三联书店2001年版,第95页。

生的基础。"①

话语的合理化不等于合法化,但又不全是权力的结构化。哈贝马斯认为,以话语为媒介的交往理性能够产生一种交往权力。原则上,它"并不取代管理权力,只是对其施加影响。影响局限于创造和取缔合法性。交往权力不能取缔公共官僚体系的独特性,而是'以围攻的方式'对其施加影响"②。这种说法暗示了交往权力与行政权力是互不侵犯的影响关系,然而,它们的实际关系却是错综复杂的。首先,哈贝马斯强调政治权力的所有表现都来自于交往权力。行政权力即使非直接地来自于交往权力,也必须借助公民社会中的话语过程使自身合法化。在民主理论中,这是一个权力转化过程:市民社会中产生的交往权力必须首先转化成具有约束力的法律,然后再转化成行政权力。交往权力若要保有优先地位,就不能不适当地侵犯市场和行政系统的基础动力。行政权力只要一直都与一种民主的意见形式和意志形式联系在一起,就会不断地发生变化,因为这种意见形式和意志形式后来不仅左右着政治权力的运作,而且在一定程度上也规划了政治权力的运作。

自由主义和共和主义民主都是从一种值得质疑的国家概念和社会概念出发的,这种概念的基础是整体与其部分的关系。这其中,整体不是由全体独立的公民组成的,就是由宪法建构起来的。相反,协商民主理论提出了一种非中心化的社会概念,这种社会和政治公共领域一起分化出来,成为一个感知、识别和处理一切社会问题的场域。人们容易忽略权力分立在哈贝马斯整个理论结构中的重要性:这个结构只不过是为了在制度上解决如何把交往权力转化成行政权力的问题。但哈贝马斯对他的规划着墨不多。即使我们赞同把协商民主的要素整合进行政系统,如何把交往权力有效转化成行政权力的问题就解决了吗?哈贝马斯的提议不是否定行政系统的自主性,而是说明具有立法职能的国家行政或官僚机构应该符合协商民主的原则。因此,交往权力和行

---

① [德]尤尔根·哈贝马斯:《在事实与规范之间:关于法律和民主法治国的商谈理论》,童世骏译,三联书店2003年版,第3页。

② [德]哈贝马斯:《公共领域的结构转型》,曹卫东等译,学林出版社1999年版,1990年版序言第28页。

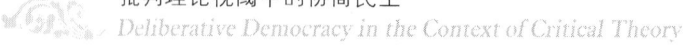

政权力的相互作用从议会和行政机构的互动转向了行政机构内部的运作。即便如此，我们仍然需要分析协商过程是如何约束行政机构中的决策，如何保证公共权力能够执行在对话中形成的意志、实现公共计划的。为此，哈贝马斯提到了行政和司法系统中的一系列"民主化"实验，如公民参与管理、监察员、行政听证。但这些例子是在西方发达民主国家的许多行政实践中既有的。难道更多的监察员或行政听证真能阻止现代代议制民主的"危机趋势"吗？哈贝马斯没有提及政治和社会民主中更激进的实验，他认为这些实验都是一些"制度幻想"（institutional fantasy），但这些制度幻想对他反思现代民主规划而言是不可缺少的。协商民主理论所继承的是一种偏离社会科学的视角，即政治系统既不是社会的顶端，也不是社会的核心，甚至也不是社会的基本结构模式，而是众多行为系统中的一个。协商政治在一定意义上必须通过法律媒介，与其他所有合法的行为领域建立起联络，而不要顾及这些领域是如何建构和如何管理的。协商政治与合理的生活世界语境之间有着紧密的联系，在此过程中，协商政治要么是根据制度化的意见和意志形成过程中的形式程序，要么是依靠政治公共领域这个非政治的网络系统。生活世界的资源，比如自由的政治文化、清明的政治社会化和形成意见的直觉，是协商政治源源不断的支撑和动力，也为程序主义民主提供了正义性和合法性，它们既是它的目标，也是它的来源。

第二节　公共领域理论

如果说阿伦特勾勒了公共领域理论的框架，那么填充它的人就是哈贝马斯。公共领域理论是哈贝马斯一生思想发展的起点，正是出于对公共领域规范理想重建的需要，哈贝马斯才能使批判理论传统获得突破，建立起自己的交往理论与话语民主理论。他对公共领域的讨论明显受到阿伦特的影响，他与阿伦特的区别只在于他把公共领域的典范形态放在17、18世纪早期资产阶级公共领域，而阿伦特把它放在希腊城邦时代。他把阿伦特的"公共空间"术语变成了"公共领域"

(public sphere)①,并在《公共领域的结构转型》(以下简称《转型》)中论述了由代表型公共领域到公共权力领域(即现代意义上的公共领域)的转型。该书出版时,德国的民主制度还很脆弱,哈贝马斯注意到民主重建中的一些困境,而这是他的同代人(尤其是相对保守的那些人)所忽略的。他认为,德国民主的灾难应该归咎于以国家为主导的国家与社会②的融合,这种融合摧毁了基于私人自由或非强制讨论之上的公共领域。当代西方的自由主义民主已经走向了一种全新的威权主义,混合了公私权力的"新封建"制度操控了投票和选举,即以多数为基础的投票制度使组织化的利益群体结盟,以维护它们在政治和社会中的统治地位。由于被操纵的公共领域取代了18、19世纪的"资产阶级公共领域",商业媒体和政党组织成了公共领域的主角,"公共性不仅在公众面前呈现了统治的合法性,还操纵了公众。批判的公共性遭到操纵的公共性的排挤"③。事实上,阿伦特已经敏锐地觉察到这种趋势,并将其概括为"社会领域对公共领域的侵犯"。哈贝马斯对现代

---

① 除了对"公共空间"的借鉴,哈贝马斯关于劳动和交往的区分也源于阿伦特对马克思的批判,她在《人类的境况》中区分了工作、劳动和行动。此外,阿伦特发现了人类行动的语言结构,这一点也影响了哈贝马斯的交往行动理论。参见 Seyla Benhabib, *The Reluctant Modernism of Hannah Arendt.* Rowman & Littlefield Publishers, 2003, p.199.

② 关于"社会"的用法,哈贝马斯与阿伦特略有不同,阿伦特所谓的"社会"主要指以劳动和工作为主的市民社会,"在现代自然法观念和苏格兰道德哲学家的社会学说中,市民社会总的说来一直是私人领域,因而与公共权力或政府是相对立的。现代早期的市民社会依照职业来划分社会地位,根据其自我理解,商品流通和社会劳动领域以及不再具有生产功能的庄园和家庭,均可以不加区分地划归'市民社会'私人领域。"社会领域与公共领域应该是彼此独立、严格区分的。虽然哈贝马斯也用"社会"指代市民社会,但它不同于狭义上的市民社会,"狭义上的市民社会,亦即商品交换和社会劳动领域;家庭以及其中的私生活"都被划归到私人领域中了。现代市民社会作为私人领域从公权力领域解放出来后,又从私人领域中独立出来,"它不再包括控制劳动市场、资本市场和商品市场的经济领域","无论如何,'市民社会'的核心机制是由非国家和非经济组织在自愿基础上组成的。这样的组织包括教会、文化团体和学会,还包括了独立的传媒、运动和娱乐协会、辩论俱乐部、市民论坛和市民协会,此外还包括职业团体、政治党派、工会和其他组织等。"它有时直接产生代表交往权力的公共领域,与代表行政权力的国家相对立。参见[德]哈贝马斯:《公共领域的结构转型》,曹卫东等译,学林出版社1999年版,序言第12、30、35页。

③ [德]哈贝马斯:《公共领域的结构转型》,曹卫东等译,学林出版社1999年版,第202页。

社会的研究也表明,阿伦特所说的劳动和工作领域就是与生活世界相并列的系统领域,它是不会轻易地被公共领域的民主意志驯服的,因而协商民主既需要考虑自己的规范要求,也要面对无法回避的现实条件。为了保障民众的政治自由、公共领域的效能,哈贝马斯主张以民主的方式阻断国家对公共领域的干预,只有在"国家消解成为社会自我组织的媒介"时,"公共领域才获得了政治功能"①。

哈贝马斯赞同阿伦特关于公共领域、私人领域和社会领域的三分法。在古希腊,"如果说生的欲望和生活必需品的获得发生在私人领域范围内,那么,公共领域则为个性提供了广阔的表现空间;如果说前者还使人有些羞涩,那么后者则让人引以为豪。公民之间平等交往,但每个人都力图突出自己"②。但是,不论在理论上还是现实中,公共领域与社会领域之间的界限都容易被打破,在谈到晚期资本主义社会公共领域的特征时,哈贝马斯说:"一个再政治化的社会领域,不论从社会学的角度,还是从法学的角度出发,它都无法归于公共领域或者私人领域的范畴之下。在这个交叉区域,国家化的社会领域和社会化的国家领域相互渗透,无需具有政治批判意识的私人作为中介。公众的这一使命逐渐地为其他机制所取代:一方面是社团组织,其中,有组织的私人利益寻求直接的政治表现形式;另一方面是政党,政党曾是公共领域的工具,如今却建立在公共领域之上,与公共权力机关紧密相连。具有政治意义的权力实施和权力均衡过程,直接在私人管理、社团组织、政党和公共管理机关之间展开。公众本身只是偶尔被纳入这一权力的循环运动之中,而且目的只是为了附和。"③

哈贝马斯十分重视作为公共知识分子的哲学家在公共领域中的作用,他指出,现代社会由无数公共领域组成,这些公共领域彼此独立、各有分工,因此容易造成专业局限和信息隔阂,专家所表达的意见往往是

---

① [德]哈贝马斯:《公共领域的结构转型》,曹卫东等译,学林出版社 1999 年版,序言第 11 页。
② [德]哈贝马斯:《公共领域的结构转型》,曹卫东等译,学林出版社 1999 年版,第 4 页。
③ [德]哈贝马斯:《公共领域的结构转型》,曹卫东等译,学林出版社 1999 年版,第 201 页。

片面的,只着眼于本领域;而作为公共知识分子的哲学家则动用他们深厚的知识储备,他们在公共领域中所表达的观点通常是经过深思熟虑的,也较为全面。他们所参与的公共领域最终会在国家层面上汇合成较为理性的文化公共领域和政治公共领域。上述观点也折射出了哈贝马斯的另外一种观点:民主制度的健全和民主程序的顺畅运行需要公民有很强的政治意识,民主的程度与公民的政治意识成正比。民主法治国家不仅要贯彻法制、强化民主程序,更要在公民的心目中培育一种民主理想;民主理论不仅要研究民主程序和民主实践的具体模式,更要构建一种合理的、完善的民主理想。这样,在哈贝马斯看来,协商民主必须至少具备两个条件:第一,所有公民必须在政治上成熟,这要求他们都具有充分的参政意识;第二,存在保证交流畅通的公共领域,这使所有公民都能通过讨论自由而公开地参与到国家的权力机制中,这种参与对公民的参政意识又可以起到推动作用。

公共领域是个体讨论公共事务或共同利益、形成公共舆论的社会生活领域。当"私人"个体聚在一起讨论公共事务时,他们就创造了一个公共领域。"在此意义上,公共领域既不是家庭和个体的私人领域的一部分,也不是政府的官方结构的一部分。它存在于第三种中介空间中。"[1]公共领域一方面通过让国家对公民负责,为政治统治的合法化设计出一种制度机制;另一方面,设计了特定的对话互动,指出讨论应该向所有人开放,参与者作为伙伴进行协商,"开放准入观念是公共性规范的核心含义"[2]。公共领域作为公共舆论的生成空间,它对来自内部的批评具有自我转化的潜力;它应当质疑那些不能经受批判检验的观点,并保证那些可以经受检验的观点的合法性;公共领域作为一种整合公共舆论的政治载体,还应该把市民社会意识转化成表达这种公民意志的国家行动。"这两个观念——公共舆论的规范合法性和政治有效性——对民主理论中的公共领域概念至关重要。没有它们,这个

---

[1] Noëlle McAfee, *Habermas, Kristeva, and Citizenship*. Cornell University Press, 2000, p.83.

[2] Nancy Fraser, "Rethinking the Public Sphere: A Contribution to the Critique of Actually Existing Democracy", *Social Text*, 1990(25/26), p.63.

概念就失去了批判力量和政治立场。"①在哈贝马斯看来,资产阶级公共领域正是这样一种结合了合法性与有效性的形式,"资产阶级公共领域当中形成了一种政治意识,针对专制统治,它提出了普遍而抽象的法律概念和要求,最终还认识到应当将公众舆论当作这种法律的唯一合法源泉。在整个18世纪,公众舆论都被当作是那些建立在争论—理性主义概念之上的规范的潜在立法资源"②。只不过它现在还是一个未完全实现的理想。

然而,这一观点遭到了弗雷泽的反对,她认为资产阶级公共领域与开放平等的公共性理想是相违背的:基于性别、阶级、种族偏见的排除规则把一部分人阻挡在政治生活之外,并且这种准入也只对民族国家中的公民才适用。她认为,哈贝马斯的协商民主范畴以"民族国家"为

---

① Nancy Fraser, "Transnationalizing the Public Sphere: On the Legitimacy and Efficacy of Public Opinion in a Post–Westphalian World", Theory, Culture & Society, Vol. 24, 2007, pp.7–8.
② [德]尤尔根·哈贝马斯:《公共领域的结构转型》,曹卫东等译,学林出版社1999年版,第57页。

核心,隐含了一种"威斯特伐利亚"①的政治想象,即有界政治社群及其领土国家的框架,然而,这个框架在全球化时代具有明显的局限性,已经无法应对诸多跨国问题,因此应予以超越。在后期资本主义社会中,权力是多轴心的,需求是多层次的,群体形成过程也很复杂,因此存在许多群体与个体在其中活动的不同"公共领域"。在公共领域产生之初就存在两种并行的类型:一种是传统的代表型公共领域,它由统治阶级、贵族、教会显贵等成员组成;另一种是遭到前一种公共领域排挤的下层阶级成员构成的"庶人反公共领域"②;当资产阶级公共领域取代

---

① "威斯特伐利亚"一词来自《威斯特伐利亚和约》(1648年)(以下简称《和约》),它确立了现代国家体系的某些关键特征。哈贝马斯把现代性政治话语的起源从法国大革命向前追溯到了"三十年战争"(1618—1648年)和作为战争结束标志的《和约》。《和约》又称《1648年和约》,是神圣罗马帝国的皇帝分别在德意志的奥斯纳布吕克和明斯特同瑞典人和法国人签署的和约的统称,它要解决的主要是各邦国与帝国之间的宗教信仰问题、各封建等级同帝国和皇帝之间的关系问题、德国与周边国家的关系问题等。因此,它实际上把宗教和约、国内和约和国际和约融为一体,不但为神圣罗马帝国,也为欧洲创造了一个崭新的秩序。哈贝马斯认为,"三十年战争"结束以后,《和约》开创了现代民族国家体系,这促成了民族的国家化和国家的民族化,尽管直到18世纪它才真正定型。它不是由宗教而是由民族国家的国家至上原则(主权原则)发挥着决定性作用。在哈贝马斯的理解中,"民族国家"在现代国家政治和国际政治中一直是一个核心范畴。在这里,民族指人民民族,是一种"想象的共同体"。民族国家分为两个层面,一个是国家层面,负责行政管理和税收,在这个层面上调节人际关系的是公法;另一个是市民社会,在这个层面上调节人际关系的是私法。在国家主权问题上,民族国家奉行两个基本原则,即内政原则和外交原则。然而,弗雷泽并不关注此条约的实际成就,也不关心其所开创的体系的长达几个世纪的进化历史,而是用这一术语指称一种政治想象,即它作为相互承认的主权领土国家体系塑造了世界;这种想象体现了战后第一世界关于正义的争论架构。此外,还可以把威斯特伐利亚作为"事件"、"理念/理想"、"进化过程"以及"规范记录"等,参见曹卫东:《曹卫东讲哈贝马斯》,北京大学出版社2005年版,第71—73页;Richard Falk: "Revisiting Westphalia, Discovering Post-Westphalia", *Journal of Ethics*, No. 4, 2002;Kevin Olson (ed.), *Adding Insult to Injury*, Verso, 2008, p. 273, note 1; Nancy Fraser, "Reframing Justice in a Globalizing World", *New Left Review*, Vol. 36, 2005, p. 2, note 1.

② "庶人反公共领域"是弗雷泽对哈贝马斯公共领域概念的引申。她把公共领域区分为"主流公共领域"与"庶人反公共领域"。她认为,把特定理解与交流手段权威化的社会是特权群体发挥其优势的温床,他们可以在"主流公共领域"中有效地表达自身的观点和利益。相反,因为这些占主导地位的理解和交流手段使边缘的和被排除的群体处于劣势,所以他们不得不创造自己的"庶人反公共领域"来重新界定他们遭受的不正义。弗雷泽把第二次女权主义浪潮所提出的概念(如约会强奸和性骚扰)的发展和普及当作这一方面的典型。

代表型公共领域之后，庶人反公共领域依然存在，它由那些被资产阶级排斥的民众构成。弗雷泽认为，资产阶级公共领域是男权主义的，它把女性排斥在公共辩论之外，这一点可以从"public"与"pubic"的词源联系上得到印证。除了性别排斥，资产阶级公共领域还存在阶级排斥，"仁慈的、平民的、专业的、文化的俱乐部和社团网络都不是对所有人开放的。相反，它是一个训练场，终究是资产阶级男性阶层的权力基础，这些男性把自身视为一个'普遍阶级'，并准备宣称他们是进行统治的合适人选。因此，资产阶级形成过程暗含了市民社会特定文化和联合公共领域的阐述"①。哈贝马斯认识到了性别排斥与公共领域从贵族向资产阶级转移有关，但他并没有对这个问题进行充分考察；他也没有对公共领域的阶级因素进行深入研究，所以弗雷泽认为"鼓吹准入性、理性和地位等级悬置的公共性话语本身就是作为一种区别策略出现的"②。

另外，哈贝马斯把公共性与地位之间的关系想象得过于简单了，他借助"中立化"对地位差别存而不论，把自由主义公共领域理想化，没有对其他众多的非自由主义的、非资产阶级的竞争公共领域进行考察。事实上，资产阶级公共领域中的公众并非真正意义上的公众，与资产阶级公众同时产生的还有大量其他公众，如民族主义公众、精英女性公众和工人阶级公众等，他们从一开始就反对资产阶级公众的排斥规则，致力于阐释不同类型的政治行动和公共演讲规范。例如，19世纪北美女性即使没有投票权，也可以通过其他途径参与公共生活，因此那种认为女性没有公共领域的观点本身就是意识形态的，它依赖于具有阶级和性别偏见的公共性观念，这种观念认为表面上的资产阶级公共诉求才具有公共性。因此，有学者指出资产阶级公共领域既是一种乌托邦理想，也是一种统治工具；然而，弗雷泽没有完全否定资产阶级公共领域的作用，而是在批判其四个建构假设的基础上，发现了后期资本主义社

---

① Nancy Fraser, "Rethinking the Public Sphere: A Contribution to the Critique of Actually Existing Democracy", *Social Text*, 1990(25/26), p.60.
② Nancy Fraser, "Rethinking the Public Sphere: A Contribution to the Critique of Actually Existing Democracy", *Social Text*, 1990(25/26), p.60.

会的公共领域观念的一些相应因素：

第一个假设是，公共领域中的对话者忽略地位差别，似乎以平等的身份进行协商；假设社会平等不是政治民主的必要条件。事实上，在没有任何正式排除的情况下，社会不平等也可以导致协商的不平等，弗雷泽引用了一个对男女共同参加的会议的观察：与男性相比，女性更容易被打断、发言更少、更容易被忽略或得不到回应。在这种情况下，协商变成了统治的面具。风尚和礼仪支配的资产阶级公共领域的对话非正式地把女性和平民阶级边缘化，阻止他们作为平等伙伴进行参与，即使他们取得合法参与的资格，仍然会受到妨碍。对社会不平等存而不论不能促进参与平等，相反它会更有利于社会统治群体。

第二个假设是，竞争公共领域的多样性增长是背离而不是趋近更广泛的民主，单一的综合公共领域比多元公共领域更可取。事实上，分层社会的基础制度框架在"统治—从属"的结构关系中产生了不平等的社会群体。在这样的社会中，不可能完全实现公共辩论和协商中的参与平等。如前所述，社会不平等使公共领域中的对话过程向统治群体的利益倾斜，特别是只有一个单一综合公共领域时更是如此。这时，从属群体成员不会再有相互商讨其需求、目标和策略的场域，也将失去那些不受统治群体监管而进行交往的场所。在这种情况下，他们不太可能找到合适的词语表达自己的思想，只能保持沉默，不能表达、捍卫自己的利益，掩饰统治的协商模式就不可能被揭露出来，这种模式把弱者吸纳进虚假的"我们"中，是一种掩盖、压制策略。

弗雷泽指出，"参与"意味着用自己的声音说话，同时通过方言和风格来构建、表达自己的文化身份，包含多元竞争公共领域之间争论的安排比单一的综合公共领域能更好地推进参与平等理想，她将这些非正统的公共领域称为"庶人反公共领域"。因为那些占主导地位的理解和交流手段使边缘的和被排除的群体处于劣势，所以他们不得不创造自己的"庶人反公共领域"来表达自身的观点和利益，重新界定他们遭受的不正义，"从属社会群体的成员创造、传播反话语来塑造对其身

49

份、利益和需求的相反理解"①,庶人反公共领域的增长能够提高从属阶层的参与。弗雷泽把第二次女性主义浪潮所提出的概念(如约会强奸和性骚扰)的发展和普及当作这一方面的典型。同时,她强调庶人反公共领域并不总是有效的,其中一些显然是反民主的、反平等主义的,甚至那些带有民主和平等主义倾向的公共领域有时也在实施非正式的排斥和边缘化模式。"只有那些为了反抗主流公共领域排斥而出现的庶人反公共领域,才有助于拓展对话空间。原则上,先前不受质疑的假设将得到公开讨论。一般而言,庶人反公共领域的增加意味着话语争论的扩大,在分层社会中是一件好事。"②总之,不管在分层社会还是在平等主义社会中,多元公共领域比单一公共领域更能实现参与平等理想。

第三个假设是,公共领域中的对话应该囿于关于共同福利的协商,私人利益和私人问题的出现总是不受欢迎的。这涉及到公共领域的界限问题,即公共性之于私人性的界限。哈贝马斯关于资产阶级公共领域论述的核心是,资产阶级公共领域是"私人个体"协商"公共问题"的对话场所,公共成员通过协商能够发现或创造一种共同利益;在对话过程中,参与者由利己主义的私人个体转变为能够为了共同利益而共同行动的、具有公益精神的集体。这里的"私人"和"公共"有若干不同的含义,"公共"意味着:①与国家相关的;②对每个人开放;③关注所有人;④涉及共同福利或共享利益。"私人"则意味着:①涉及市场经济中的私人财产;②涉及亲密的家庭或个人生活,包括性生活。这样看来,私人利益在政治公共领域中没有合适的位置,至多它们是协商的"前政治"起点,在辩论过程中最终被转化和超越。在政治话语中,"公共"与"私人"的划分经常把某些利益、观点和主题非法化而为另一些保留协商的空间,使自身利益和群体利益相抵触,使参与者(尤其是那些相对无权的人)无法弄清其利益,这种做法隐含了资产阶级的、男权

---

① Nancy Fraser, "Rethinking the Public Sphere: A Contribution to the Critique of Actually Existing Democracy", *Social Text*, 1990(25/26), p.67.
② Nancy Fraser, "Rethinking the Public Sphere: A Contribution to the Critique of Actually Existing Democracy", *Social Text*, 1990(25/26), p.67.

主义的偏见。因此,一个持久的公共领域观念必须容纳被资产阶级、男权意识形态视为"私人的"、不允许公开讨论的利益与议题。

第四个假设是,起作用的公共领域需要在市民社会与国家之间做出严格区分。根据"市民社会"的不同表达方式,对这个假设也有两种不同的理解:如果市民社会意味着私人调节的资本主义经济,那么坚持国家与市民社会的分离就是捍卫古典自由主义;弗雷泽认为,自由放任的资本主义不能促进社会经济平等,最终需要实现某些政治管制的经济整顿形式和再分配(如市场社会主义)。第二种理解是:"市民社会"意味着非政府或"亚级"社团的联结,它既不是经济的也不是管理的,而是"聚集起来形成公众的一群个体",那么市民社会应该与国家相分离,这确保了更大范围的检视。公共领域是作为国家的对应物、非政府话语意见的非正式鼓动实体,因此这些"个体"不能以任何官方身份参与其中。在资产阶级观念中,公共领域的超政府特征赋了它所产生的"公共舆论"以独立、自由和合法性的光环。因此,资产阶级公共领域观念认为(联合的)市民社会与国家的明显分离是可取的,它促进了弗雷泽所谓的"弱公共领域",其话语实践只存在于"意见"的形成中,不包括决策制定;如果这种公众话语向决策制定扩展,那么将威胁公共舆论的自主,因为公共领域将成为国家,失去对国家的批判监督的可能性。但当涉及到议会权威时,这个问题就变得复杂了。自从自治议会在国家中行使公共领域职能时,就出现了一个主要的结构转换;弗雷泽称自治议会为"强公共领域",其功能既有意见形成又有决策制定。议会是运用国家话语权威的场合,最终产生具有约束力的决策(或法律)。

基于上述分析,弗雷泽认为哈贝马斯的公共领域理论不再适用于后期资本主义社会的民主状况,必须对公共领域理论进行反思和重构,为此她提出了四项任务:第一,批判理论应该说明在后期资本主义社会中社会不平等腐蚀公众协商的方式;第二,它应该阐明在后期资本主义社会中不平等如何影响公众之间的关系、公众如何被有区别地赋权或分割,以及某些公众如何被迫孤立并服从其他公众;第三,它应该揭示在当代社会中如何能够广泛地讨论某些被标为"私人的"利益和议题,以及这些问题的解决途径;最后,它应该说明后期资本主义社会中某些公共领域的过度软弱如何剥夺了"公众意见"的实践力量。

哈贝马斯的协商民主理论的核心文本是《在事实与规范之间》,在该著作中,作者对其早期的公共领域理论进行了以下修正:第一,他承认《转型》忽略了"庶民反公共领域"(subaltern counterpublics)。事实上,在公共领域产生之初就存在两种并行的类型:一种是传统的代表型公共领域,它由统治阶级、贵族、教会显贵等成员组成;另一种是遭到排挤的下层阶级成员的庶民反公共领域;当资产阶级公共领域取代代表型公共领域之后,庶民反公共领域依然存在,它由那些被资产阶级排斥的民众构成。第二,借鉴南希·弗雷泽的"强公共领域"(strong public)与"弱公共领域"(weak public)的区分①,哈贝马斯进一步完善了她的公共领域概念。所谓弱公共领域是指那些与国家相对分离的市民社会的公共领域。在这种公共领域中,话语实践往往以多元的、分散的"意见"形式存在,与决策没有直接的关系。所谓强公共领域是指像议会这样的既有意见形成又有决策功能的公共领域。她在此基础上提出了双轨制协商民主理论,这一理论既立足于弱公共领域中舆论的形成,也立足于强公共领域(即政治系统)中的意志的形成。她认为,当代社会只有这样的双轨制才能既满足公共辩论的需要,又满足公共决策的需要。

除了批评哈贝马斯公共领域理论的阶级、性别偏见外,弗雷泽也指出了其适用范围的局限性。在《结构转型》中,哈贝马斯对公共领域的研究从两个层面上同时进行,一个是经验的和历史的,另一个是意识形态批判的和规范的。在这两个层面上,公共领域被概念化为与有界政治社群和主权领土国家(经常是民族国家)共存的。无疑,这一直不是完全明确的,哈贝马斯关于公共领域的论述至少依赖六个社会理论假设:(1)在公共领域的领土基础方面,把公共领域与在边界领土之上运

---

① 弗雷泽在《重新思考公共领域》一文中首次提出了"强公共领域"与"弱公共领域"的概念,并论述了两者的关系。这是她的重要理论创见之一。参见 Nancy Fraser, "Rethinking the Public Sphere: A Contribution to the Critique of Actually Existing Democracy", in *Social Text*, 1990(25/26), pp. 74–77.

用主权的现代国家机构联系起来;(2)在公共领域的参与主体方面,把协商主体视为一个有界政治社群的伙伴成员;(3)在公共领域讨论的主题方面,把协商的首要问题设想为对政治社群的经济关系进行适当安排;(4)在公共领域的交流方式方面,把公共领域与现代媒体联系起来,使交流超越距离,把空间上分散的对话者集中到一个公共场所中;然而,哈贝马斯暗地里通过关注国家媒体,尤其是国家出版和国家广播把"公共性"领土化;(5)在公共领域的话语媒介方面,默认公共领域中的讨论是完全可理解的、在语言上是清楚明白的;(6)在公共领域的渊源方面,把公共领域的文化本源追溯至18、19世纪的印刷资本主义的信件与小说。它把这些资产阶级风格归功于一种新的主体立场的创造,个体通过它把自身预想成公众成员。弗雷泽指出,这六个假设都存在于政治空间的威斯特伐利亚架构中。

哈贝马斯的公共性是与现代民族国家想象联系在一起的,民族国家不是国家的唯一形式,它只是国家的一种形式。马基雅维利使用的"la stato"使他成为现代民族国家之父。他试图"通过一个统一的意大利的创建,可以重复罗马经验,使之成为意大利民族'永恒'政治体的神圣基石,就像永恒之城的创建曾是古意大利民族的神圣基石一样"[1]。现代民族国家的民主化过程包含着威斯特伐利亚框架,哈贝马斯没有反思这个框架,而是预想了恰好位于其中的民主协商模式。"在这个模式中,民主需要通过公共交流的领土边界形成过程、受国家语言的引导、通过国家媒体转述产生一个国家公共舆论的实体。……它有助于把国家政治统治理性化,应该保证威斯特伐利亚国家的行动和政策反映国家公民在对话中形成的政治意志。因此,在《结构转型》中,公共领域是(国家)威斯特伐利亚民主的关键制度成分。"[2]在哈贝马斯看来,公共领域在其深层概念结构中完全是威斯特伐利亚的,"只

---

[1] [美]汉娜·阿伦特:《过去与未来之间》,王寅丽等译,译林出版社2011年版,第133页。
[2] Nancy Fraser, "Transnationalizing the Public Sphere: On the Legitimacy and Efficacy of Public Opinion in a Post-Westphalian World", *Theory, Culture & Society*, Vol. 24, 2007, p.11.

有近年来,一方面由于冷战后的地缘政治的不稳定性,另一方面由于与'全球化'相关的跨国现象日益增强的显著性,它才在跨国框架的反思公共领域理论中变得可能且必然"①。事实上,哈贝马斯在《包容他者》中已经指出,民族国家正受到内部多元化与外部全球化的双重挑战,全球化的趋势使民族国家的内在主权的局限性充分暴露出来了。民族国家若要捍卫其内在主权,就很难加入到全球一体化的进程当中;而若要投身到这个进程中去,民族国家就必须做出一定的让步,把自己的部分主权让渡给全球性机构。面对这一困境,哈贝马斯尝试为民族国家寻找新的合法化理由,以顺应全球化大潮,即走向一种"后民族国家"的世界格局。"后民族国家"是对经济全球化的一种政治回应。由于在市场全球化的压力下,民族国家越来越失去其对经济的宏观控制力,经济动力与民主过程之间的均衡状态被打破了,因此需要从"治理"与"再分配"两方面入手来恢复平衡。哈贝马斯指出,为了保障社会公正,就要对全球化的经济进行治理并转移支付,因此必须建立一个跨民族的管理体制,一来维护世界市场的正常运转,二来对经济政策、社会政策和就业政策施加影响。按照哈贝马斯的设计,这个体制应当在各国之间保持中立,各国则处于一种竞争状态。

哈贝马斯认为,这种新的世界政治共同体就是一种没有政府的世界内政,它的基础是建立在社会运动和非政府组织之上的全球公民社会。然而,匈牙利作家皮特·艾斯特哈茨(Peter Esterhazy)指出,哈贝马斯构建的"后民族格局""不过又是一个超级大国(欧洲国),一个寻求与美国平起平坐的'欧洲民族国家'"②,他实际上仍然没有摆脱威斯特伐利亚框架的窠臼。鉴于此种情况,弗雷泽试图重构公共领域概念,使之包含作为一种新的全球政治框架的后威斯特伐利亚框架。在后威斯特伐利亚世界中,公共领域溢出了国家领土边界,形成了不再以共同的语言、出身、血缘以及地域等为基础的"跨国公共领域"。事实上,弗

---

① Nancy Fraser, "Transnationalizing the Public Sphere: On the Legitimacy and Efficacy of Public Opinion in a Post-Westphalian World", *Theory, Culture & Society*, Vol. 24, 2007, p.8.

② 曹卫东:《曹卫东讲哈贝马斯》,北京大学出版社2005年版,第140页。

第二章 哈贝马斯的双轨制协商民主

雷泽的后威斯特伐利亚构想也不是一蹴而就的。她对《结构转型》的批判分为两种：一种是合法性批判，另一种是有效性批判。合法性批判关注市民社会的内部关系，弗雷泽指出《结构转型》模糊了剥夺一些名义上的公众成员成为公共辩论的完全伙伴、与他人平等参与的能力的系统障碍的存在；有效性批判关注市民社会与国家的关系，她主张《结构转型》没有指出剥夺性政治力量在对话中造成的公共舆论的系统障碍的全部范围。然而，这两种批判仍然导向有界政治社群的协商民主的愿景，它们仍然把公众与领土国家公民等同起来，其目标都是要在现代民族国家中使协商民主得到进一步发展。

在《公共领域的跨国化》（2007年）一文中，弗雷泽修正了上述批判的理论前提，指出"不管问题是全球变暖还是移民、女性还是贸易协定、失业还是'反对恐怖主义的战争'，目前公共舆论的变动很少停留在领土国家边界内。在许多情况下，对话者没有构成民众或政治公民。他们的交往通常既不存在于威斯特伐利亚国家中，也不通过国家媒体传播。此外，辩论中的问题通常就是跨领土的，既不能被置于威斯特伐利亚空间中，也不能通过威斯特伐利亚国家得到解决"[1]。这对哈贝马斯的《在事实与规范之间》关于公共性的讨论也同样适用，哈贝马斯在这本书中集中考虑有效性问题，它把法律当作交往权力转化成统治权力的适当工具，区分了权力的正式的民主循环与非正式的非民主循环；在前一种循环中，弱公共领域影响强公共领域，最终控制国家机器；在后一种循环中，私人社会权力和根深蒂固的官僚利益控制法律制定者、操纵公共舆论。"哈贝马斯承认非正式循环通常胜出，他在这里提供了关于民主国家中公共舆论有效性缺陷的更完整论述。"[2] 虽然"哈贝

---

[1] Nancy Fraser, "Transnationalizing the Public Sphere: On the Legitimacy and Efficacy of Public Opinion in a Post-Westphalian World", *Theory, Culture & Society*, Vol. 24, 2007, p.14.

[2] Nancy Fraser, "Transnationalizing the Public Sphere: On the Legitimacy and Efficacy of Public Opinion in a Post-Westphalian World", *Theory, Culture & Society*, Vol. 24, 2007, p.13-14.

马斯支持社会整合的后民族主义形式,即'宪政爱国主义'①(constitutional patriotism),其目标是剥开国家主义的包裹,解放民主国家。然而,他在这里实际上是赞同一种更加纯粹的威斯特伐利亚公共性观念,因为他赞同一种更具有排他性的领土观念"②。

在这种情况下,许多理论家开始采用"跨国公共领域"、"流散公共领域"、"全球公共领域"这样的表述,弗雷泽认为,目前跨国公共领域的出现可以被视为另一种"公共领域的结构转型"。但在她之前,学界对这种新的公共领域的结构转型的论述还很不充分。她为了澄清问题、提出具有可操作性的公共领域批判理论,主张回到上文提到的威斯特伐利亚的公共领域理论的六个建构假设上来,并且指出它们都是反事实的;相反,后威斯特伐利亚模式在这些方面则显示出其适应性与合理性;通过这些方面的对比,也可以体现出后威斯特伐利亚模式的基本特征:

(1)在公共领域的领土基础方面,国际组织、政府间网络和非政府组织都与民族国家(不论贫富)分享许多关键的管理职能。这种情况不仅适用于相对较新的功能,如环境监管,而且也适用于传统功能,如防卫和治安。这些组织现在的确被霸权国家所掌控,然而运用霸权的模式已不同于以往:霸权不是求助于排他的、不可分割的国家主权的威斯特伐利亚模式,而是越来越通过解体主权的后威斯特伐利亚模式来运作。因此,威斯特伐利亚的公共领域理论的第一个前提在经验上是站不住脚的。

(2)在公共领域的参与主体方面,当今的公共领域与政治成员身份不能共存。由于移民、迁徙等现象,现在每个国家领域内都有非公民,对话者经常既不是族人也不是伙伴公民,他们的观点既不代表共同利益也不代表任何民众的普遍意志。

---

① 有学者将其译为"宪法爱国主义",而哈贝马斯用这一术语表示德国人对于目前宪法制度的普遍认同,因此译为"宪政爱国主义"更为贴切。
② Nancy Fraser, "Transnationalizing the Public Sphere: On the Legitimacy and Efficacy of Public Opinion in a Post-Westphalian World", *Theory, Culture & Society*, Vol. 24, 2007, p.14.

（3）在公共领域讨论的主题方面，外包、跨国企业和"离岸商业登记"（offshore business registry）使基于领土的国民生产在很大程度上只存留于观念中；由于布雷顿森林体系资本控制的全天候（24/7）全球电子金融市场的出现，国家对货币的控制现在非常有限；调控贸易、生产和金融的基础规则应由跨国机构来制定，它们向全球资本而不是向任何公众负责。

（4）在公共领域的交流方式方面，"分众媒体"（niche media）变得丰富多样，它们致力于使国家权力的运用服从于公共性检验；即时电子、宽频和卫星信息技术绕过了国家控制，使直接的跨国交流成为可能；所有这些发展标志着交流设施的"去国家化"（de-nationalization）。

（5）在公共领域的话语媒介方面，现在的语言群体在地域上是分散的，更多的言说者会讲多种语言，许多国家事实上是多语言的；同时，英语作为全球商业、大众娱乐和学术界的通用语得到巩固，所以单一国家语言的预设就不再成立了。

（6）在公共领域的渊源方面，由于文化混杂性与混合化、全球大众娱乐的出现、视觉文化的崛起，支撑公共领域对话者的主观立场的那种民族文学，不能再为团结提供共同的社会想象了。

总之，对公共舆论的每个构成因素而言，公共领域逐渐成为跨国的或后民族的，"一些将会影响我们所有公民的未来——影响我们未来的经济、社会、文化、环境和福利问题——的最为强大的力量，正在突破民族国家的界限"[①]，先前威斯特伐利亚国家公民交往的"谁"（who），现在经常是一个分散对话者的集合，而不能构成一个统一的民众；在跨国社群中，先前植根于威斯特伐利亚国民经济中的交往的"什么"（what），现在已经遍及全球，然而没有体现在同样广阔的团结与认同中；曾经存在于威斯特伐利亚国家领土的交往的"哪里"（where），现在被解域为网络空间；曾经依赖于威斯特伐利亚国家出版媒体的交往的"如何"（how），现在涵盖了断裂的、重叠的视觉文化的广阔跨语言连

[①] [英]戴维·赫尔德：《民主的模式》，燕继荣等译，中央编译出版社1998年版，序言第2页。

结;曾经对公共舆论负责的主权领土国家,现在是公共的与私人的跨国权力的不规则的混合物,既不能被轻易识别也不能被认为是完全负责的。

那么,超越了威斯特伐利亚框架的跨国公共舆论如何能够在规范上具有合法性、在政治上具有有效性呢?弗雷泽从下述两个方面对这个问题进行回答。首先考虑规范合法性问题,它涉及到两个标准:包容的范围和参与平等的程度。前者关注"谁"被授权参与公共讨论,后者关注参与者"如何"互动。按照包容标准,讨论必须在原则上对所有受决策结果影响的人开放。关于威斯特伐利亚框架的讨论在很大程度上集中于参与平等标准,而忽略了包容标准。然而,在全球化时代,公民身份不再能够代表受影响的人了,一个人的生存条件不再完全依赖于政治社群的内在构建了,而是越来越多地受到其他外在的和非领土结构的制约。面对这个问题,弗雷泽起初采纳"所有受影响者原则"(all-affected principle),这个原则指所有潜在受到决策影响的人都应该作为伙伴参与到共同事务的协商中;但是在《非常规正义》一文中,她认为"所有受影响者原则成为蝴蝶效应的'归谬法'(reductio ad absurdum)的牺牲品,它把所有人都变得受一切事物的影响。它不能识别与道德相关的社会关系,在抵制它试图避免的一刀切全球主义时遇到麻烦。因此,它不能为决定'谁'提供一个有说服力的标准"[1]。弗雷泽转而提出"所有从属者原则"(all-subjected principle),"根据这一原则,所有从属于特定统治结构的人都有一个与之相关的、作为正义主体的道德立场。把人们变成正义伙伴主体的既不是共同的公民资格或国籍,也不是共同拥有抽象的人格,也不是因果相互依存的纯粹事实,而是都从属于一种统治结构,这一结构为他们/她们之间的互动设置了基本规则。对于所有统治结构而言,所有从属者原则使道德关怀的范围

---

[1] Nancy Fraser, "Abnormal Justice", Kwame Anthony Appiah (etc.), *Justice, Governance, Cosmopolitanism, and the Politics of Difference*: *Reconfigurations in a Transnational World*. Humboldt-Universitat zu Berlin,2007, p.135.

与受影响的范围相匹配"①。这些统治结构不局限于国家,还包括能够制定强制规则的非国家主体,因此,所有从属者原则能够为后威斯特伐利亚公共舆论的合法性提供评判标准。

其次考虑政治有效性问题。在公共领域理论中,当且仅当公共舆论被政治力量所调动时,它才是有效的,这时它能够使公共力量负有责任,保证后者的实施反映市民社会经过深思熟虑的意志。这涉及到两个标准:转化标准和能力标准。根据转化标准,市民社会中产生的交往权力必须首先转化成具有约束力的法律,然后再转化成行政权力。根据能力标准,公共权力必须能够执行在对话中形成的意志。前者涉及从市民社会到公共权力的交往权力流动,后者涉及行政权力实现公共计划的能力。过去的公共领域理论家假定,公共舆论的接收者是威斯特伐利亚国家,它应该被民主地建构,因此没有阻断从弱公共领域到强公共领域的交往流动,能够把公共舆论转化成具有约束力的法律。同时,威斯特伐利亚国家具有运用这些法律的必要行政能力,以实现本国公民所争取的目标并解决相关问题。因此,威斯特伐利亚国家被认为是实现公共领域的有效性的转化标准和能力标准的适当工具。然而,尽管威斯特伐利亚框架刺激了人们对转化标准的兴趣,但却模糊了能力标准,它只强调国家公共领域产生的交往权力是否足够强大以致影响立法、限制国家行政。相应地,讨论集中在市民社会与国家之间的民主权力循环,而没有过多讨论国家监管塑造公民生活的私人权力的能力。举例来说,一些理论家认为,经济实际上是国家的,民族国家能够以国家公民的利益对其进行调控;但是在全球化时代,如果现代民族国家不再拥有调控其经济、保证国家环境完整、为其公民提供安全和福利的行政能力,那么应当如何理解公共舆论有效性的能力标准呢?这个问题涉及到国际法和跨国机构的权责问题,是后威斯特伐利亚框架不可绕过的具体问题,虽然弗雷泽没有给出明确的答案,当前的公共领域理论也只提供了少许线索,但是问题本身就指明了未来研究的方向,即

---

① Nancy Fraser, "Abnormal Justice", Kwame Anthony Appiah (etc.), *Justice, Governance, Cosmopolitanism, and the Politics of Difference: Reconfigurations in A Transnational World*. Humboldt–Universitat zu Berlin, 2007, pp. 135–136.

如何创造新的跨国公共权力,并让它们对新的跨国公共领域负责。

第三节 新三权分立

哈贝马斯对现代法学和政治学的基本原则进行了重构,旨在缓解基本权利与民主、个体自治与公共自治之间的张力。民主协商要达到的目标是在尊重个体言论等基本权利的基础上实现自由平等交往。民主协商的核心是参与,哈贝马斯指出,"在沟通行为中,人们通过'实践对话'(practical discourse)达成的协议是他们追求各自利益的先决条件"[①]。商谈之于个体利益的追求和保护之所以如此重要,是因为"没有任何办法比个人的实际参与更能有效地防止他人从不同视角曲解个人的自我利益"[②]。"哈贝马斯一方面强调,在实践商谈中,参与者的目的是为了'努力澄清一种共同利益',而不是力图'在相互冲突的个别利益之间求得一种平衡',但另一方面,他又坚持认为,根据正义的原则,只有个人才有权决定是否放弃自己的个人利益,任何人都无权要求别人按照利他主义的原则行事。这说明,归根结底,个人是否放弃其个人利益完全取决于他的个人动机资源。"[③]参与者不仅亲自去商谈,而且要达成一种道德共识。"在哈贝马斯所说的沟通行为中,参与者仅仅克服不开明的利己主义是不够的。因为,克服不开明的利己主义只能有助于利益冲突各方达成策略性妥协,而实践商谈的目的并非策略性妥协而是道德性共识。"[④]"受控制的交往自由的潜力,确实具有一个无政府主义的核心,民主法治国的建制如果要卓有成效地捍卫所有人同等的'主观自由',这个核心是它赖以为生的基础。"[⑤]

---

① 慈继伟:《正义的两面》,三联书店2001年版,第92页。
② Jürgen Habermas, *Moral Consciousness and Communicative Action*, MIT Press, p.67.
③ 慈继伟:《正义的两面》,三联书店2001年版,第94页。
④ 慈继伟:《正义的两面》,三联书店2001年版,第95页。
⑤ [德]尤尔根·哈贝马斯:《在事实与规范之间:关于法律和民主法治国的商谈理论》,童世骏译,三联书店2003年版,第3页。

交往行动理论是哈贝马斯政治哲学的基石,其研究的焦点是如何在交往过程中运用理性,即如何实践交往理性。交往理性是指论证话语在不受强制的前提下达成共识的核心体验,不同的参与者克服自身最初的那些纯粹主观的观念,为共同的合理信念而确立起客观世界的同一性及其生活语境的主体间性。① 交往理性以言语为媒介,以自愿为前提,以克服偏见、相互理解、达成共识为目的,是主体间性、开放性和有效性的结合,事实上,这正是广泛的平等参与的保证。哈贝马斯认为,"交往行动理论不是什么元理论,而是一种试图明确其批判尺度的社会理论的开端"②。在他看来,交往行动理论"不仅具有批判功能,而且具有解放功能,它不仅能对现代性进行病理学诊断,而且能为理想目标的重建打下坚实基础,而重建的第一步就是话语伦理学,哈贝马斯要将交往行动理论应用于道德领域,而且不是应用于个人道德领域,而是应用于社会政治领域,他要通过话语伦理学重建政治的道德基础"③。"社会是依据理性而产生的,又是理性赖以完善自身的手段。理性的完善就是人本身的完善,而人的完善即自己的力量(权力)的完善。"④工具理性导致人的片面发展,哈贝马斯试图用交往理性取代工具理性,拯救或重建被殖民化的生活世界,最后实现没有暴力的交往共同体,这种共同体则是由民主协商来维持的。

弗雷泽认为哈贝马斯的交往理论有两个吸引人之处:一是哈贝马斯继承了法兰克福学派的批判理论;其著作直接受到马尔库塞思想的影响,很重视新左派的思想;二是哈贝马斯的社会理论是继马克思《资本论》批判19世纪末资本主义社会之后,目前批判20世纪末资本主义社会的最宏观理论。它致力于识别这些社会的结构动力、危机趋势和各种冲突特征。此外,这一理论也具有实践意向——促进社会的解放

---

① 参见[德]尤尔根·哈贝马斯:《交往行为理论(第一卷)》,曹卫东译,上海人民出版社2004年版,第10页。
② [德]尤尔根·哈贝马斯:《交往行为理论(第一卷)》,曹卫东译,上海人民出版社2004年版,第3页。
③ 谈火生:《民主审议与政治合法性》,法律出版社2007年版,第220页。
④ [美]列奥·施特劳斯、约瑟夫·克罗波西:《政治哲学史(第三版)》,李洪润等译,法律出版社2009年版,第472页。

变革。它试图理清社会运动的形势和前景,这些运动的实践有助于解放变革。这种思路同样适用于公共领域的研究,"公共领域概念为规范力量和经验力量牵引至不同方向,规范思路更多地受到'公共领域应该如何'的启发,而偏向于经验思路的理论家则会问'公共领域是否存在以及我们能用什么术语推出结论'"①。弗雷泽认为,这两条思路应该紧密联结并相互界定,一方面,应该避免纯粹把理论运用到现存事实的经验路径,因为这条路径冒了牺牲规范力量的危险;另一方面,也应该避免"超脱主义"(externalist)路径,它借助理想性理论来谴责社会现实,从而冒了丧失批判魅力与脱离现实的风险。

以话语为媒介的交往理性能够产生一种交往权力,但是,"交往权力不能取缔公共官僚体系的独特性,而是'以围攻的方式'对其施加影响"②。从理论上说,交往权力与行政权力是相互独立的两个领域,然而,它们的实际关系却是错综复杂的。首先,所有政治权力归根到底都来自交往权力。行政权力即使非直接地来自于交往权力,也必须借助公民社会中的话语过程使自身合法化。在民主理论中,这是一个权力转化过程:市民社会中产生的交往权力必须首先转化成具有约束力的法律,然后再转化成行政权力。在这个意义上,交往权力拥有对行政权力的优先性。但从交往权力的特征来说,它面对行政权力时又往往是软弱的。交往权力来自公民社会,而公民社会是"匿名的"、"无主体的",它只是以多元的、分散的舆论形式存在。交往权力的困境在于,如果它表现为实体化的人民的集体意志,它就不是通过公民社会的广泛的交往形成的;如果它是由分散多元的交往形成的,它又难以抵御行政权力的威力。

其次,交往权力向立法权力的转化。交往权力代表着一种政治自治。在古典民法中,不存在政治自治和人民主权的观念,在卢梭把民主

---

① Heikki Heikkilä, "Beyond 'Insofar as' Questions: Contingent Social Imaginaries of the European Public Sphere", in *European Journal of Communication*, Vol. 22, 2007, p.428.

② [德]哈贝马斯:《公共领域的结构转型》,曹卫东等译,学林出版社1999年版,序言第28页。

决策与普遍意志联系起来之后,出现了政治自治的实践,并且似乎它能够保证所有人的平等自由权。但是它有一个前提,即政治自治必须存在于一个小的、整合的政治社群内,它具有共同的文化传统和卓越的公民品德。然而,这些要求对于现代社会来说是无法满足的,因为现代社会的基本特点是利益的分层化和差异化。"哈贝马斯最终在康德那里找到了一种政治自治的观念和对个体自由的强调。"[①]这种政治自治更强调个体权利,这与人民主权的道德观念是相冲突的。个体权利的基础是一种自治的道德观念和平等主体之间的相互承认,它们是一种前政治的自然权利,而人民主权的道德基础也是不言自明的前政治状态,这样会造成个体权利与人民主权之间的"竞争"。康德没有调和两者之间的矛盾,而是使人民主权屈服于个体权利。哈贝马斯认为,卢梭和康德的问题在于他们都把道德理论当作法律的唯一合法性来源了,事实上两者是互补的。个体自治的道德观念在个体身上加诸了沉重的负担,比如个体必须在许多普遍原则之间作出抉择,而法律可以通过强制机制或制度联系减轻这些负担。当个体权利和人民主权直接与法律的合法性挂钩时,它们就变成了纯粹的法律权利和程序问题。公共自治需要个体参与决策过程,需要个体之间的相互交流和承认;个体自治需要个体能够自由地从人际交往中脱离出来。公共自治需要公共领域的权利,个体自治需要私人领域的权利,两种权利通过交往权力在法律中体现出来,并且能够和谐相处。反过来,法律权利可以保证交往权力的实施。在交往权力转化成立法权力的过程中,是不是要得到所有人的同意呢?在哈贝马斯看来,合法性的法律不是必须在对话过程中得到所有人的同意,而是能够获得所有人的同意,至少是不排斥。

再次,在复杂的现代社会中,交往权力只有通过行政主体并依赖策略和工具理性的行动形式的决策形式才能被有效运用。行政权力存在于行政人员采取的那些对实现特定结果有工具价值的行动。然而,这些行动与交往权力的逻辑相冲突,因为后者是建立在相互尊重和承认

[①] Hugh Baxter, "Habermas's Discourse Theory of Law and Democracy", in *Buffalo Law Review*, 2002(50), p.245.

关系之上的。现代民主需要行政权力形式,但这种权力在结构上与作为民主协商的前提的交往权力不一致。对于哈贝马斯而言,这是有效性与事实性之间最明显的张力之一。他试图借助处于交往权力和行政权力的中间地带的法律来调和这一矛盾,强调法律在交往权力向行政权力的转换中起关键作用。这也是《在事实与规范之间》的一个重要观念。交往权力与行政权力都应该围绕组成公民社会的协商网络的多样性进行有效合作。为此,哈贝马斯提出交往权力连接了多种独特的协商形式,如道德的、伦理的、实用主义的形式:政治学关心道德公平问题,它采用严格的新康德主义普遍化标准;文化价值和认同问题涉及"真实的自我理解",它在合法性上不受道德话语的严苛标准的束缚;实用主义则试图达到给予所有相关利益平等地位的实际妥协。政治协商力图达到一种对规范问题和谈判、妥协过程的非强制的、理性的共同理解。不管怎样,利益相关者应该具有平等的、有效的机会去追求他们的利益。其中一项明确的假设是应该在充足信息和理性的基础上形成民意。

最后,在发现法律的潜在协调功能之后,哈贝马斯认为立法权力是政治系统中解决问题的最后一环,立法应该拥有干预行政管理的具体权限。例如,当行政官员在抉择两种不兼容的集体目标,需要打破行政行为的传统观念的边界时,就需要由立法权力来裁决。但是为了防止立法权力过于强大,它最终要服从协商民主的程序,它必须以交往权力为基础才能发布规则,而后由现代国家的强制机关赋予强制力。这种安排既保护了交往权力对行政权力的约束力,又保持了行政权力的自主性。然而,这里的交往权力与行政权力之间的关系仍然是模糊的:一方面议会被认为是立法的主体,另一方面,哈贝马斯又接受现实主义的观点,认为议会权威只不过是陈腐的自由主义神话;有时议会被认为是公民社会的延伸,有时又被认为是为了提高议会的实用效能的必要之举;有时哈贝马斯强调公民社会的协商品质,有时又承认在"一般"民主政治中,公民社会对国家行为的实际影响很小。

第三章
对协商民主理论的反思与辩护

第一节 博曼的完全自由主义的协商民主

与哈贝马斯的协商民主不同,詹姆斯·博曼试图使协商民主在复杂的、规范碎片化的社会中更加具有可行性。博曼所构想的协商政治的特征是手段和结果的平等、诚信磋商、在少数人接受过程公正性的基础上实行多数原则,这种模式可以说是代议制民主与协商民主的结合,甚至更加偏向于代议制民主。瓦尔特·巴伯和罗伯特·巴莱特将这一理论路径称为完全自由主义的协商民主,在这种理论路径之外,还有另外两条协商民主路径:罗尔斯的公共理性理论和哈贝马斯的理想对话理论。罗尔斯所谓的秩序良好的社会是一个由平等、自利和理性的人组成的,他们拥有社会合作能力。社会被当作一个公平的合作体系,人们在技术上和更宽泛的政治意义上都是理性的,因为只有理性的行动者才能追求自身狭隘利益之外的目标,为实现这些目标而进行公平的合作。但是,由于理性的行动者都关心自己的利益,因而缺乏自发的正义意识,所以政策制定者应该模拟无知之幕,让人们在没有自己的相关信息条件下达成正义原则。罗尔斯的路径受到许多批评,无知之幕的假设对协商民主来说过于狭窄,没有考虑到在政治互动之前人们的偏好往往就已经形成了,公共领域的互动不可能改变这些偏好。除非讨论那些遥不可及的未来的事情,否则很难不牵涉到与个人和群体相关的信息。哈贝马斯的理想对话路径也受到批评:他主张协商民主依赖于共享的政治文化,它植根于市民社会而不是政治机构;协商是一个检验公民为了寻找普遍共识而提出的竞争式的有效性诉求的过程,这种共识是基于理性之上的,应该为公民所共有。哈贝马斯主张协商的参与者必须具有共享的政治文化这一假设使协商民主局限在更为狭窄的范围内。他的理想对话模式与罗尔斯的公共理性路径有很多相近之处,他们都没有脱离均衡观念与利益的抽象正义原则。但是,他们的理论有一个优点,就是把公民的规范有效性诉求视为类似于真理的诉求,服从于经验的评判,他们试图在规范性与事实性之间寻求一种平衡。这种思维方式直接影响了博曼的理论态度。

在博曼的完全自由主义路径中,个人利益是个体偏好和动机的主要来源,参与民主过程的公民不可避免地被深层的规范差异所区分,但是一个公民在论证自己的政策立场时,必须至少在某种程度上超越个人利益。论证必须基于一种公共理性,对某种观点的接受不能只依赖于某个特定的社会群体。由此可以看出,博曼对公共理性或理想对话的要求不高,民主协商的说理可以是工具性的或策略性的。他还质疑在现代复杂的民主中存在任何公共理性或共同善的可能性,更不用说在它们基础上达成的共识了。在他看来,"某种'社群偏见'以及许多人不能进行'有效的政治参与'在某种程度上是不可避免的"[1]。在一个复杂社会中,知识和信息一直是一种稀缺资源,能力或知识永远不可能被公平地或广泛地分配。因此,多元主义民主中的公民不可避免地要放弃自主,求助于专家、代表以及其他劳动分工形式。

这不意味着协商民主者应该屈服于当前民主生活中的明显的不正义。博曼像其他协商民主者一样支持民主资源和能力的平等化。然

---

[1] James Bohman, *Public Deliberation: Pluralism, Complexity, and Democracy*. MIT Press, 1996, p.238.

而，这种平等化不是将在公共协商背景下处于不利地位的人与其他有影响力的利益群体的地位拉平，而是确保他们可以"有效地运用他们的政治自由"[1]。严格的平等对协商民主来说既无必要，也不利于保持一种批判性立场。完全自由主义下的协商不要求得到一种所谓的"正确"的方案，这一观点决定了博曼拒绝单一形式的公共理性，而倡导一种复数的公共理性形式。在这一方面，他与多数代议制民主者是一致的，后者把政治当作没有正确答案的问题和不可避免的矛盾。在协商有关特定人的利益的过程中，相关参与者有权界定这些利益。协商民主最重要的产品不是公正原则或理性政策，而是公民自身的批判能力。博曼阐释了民主制度如何通过讨论、辩论和说理方法的进步变得更加民主。从杜威和密尔到霍克海默和哈贝马斯，他们都把民主制度的改革与协商的进步联系起来，其原因是协商对话关系着具有实践理性的行动者进入政治决策的方式。对更多协商的要求实际上是对更加理性的政治秩序的吁求，它至少能够在决策过程中运用公共理性。决策的合法性必须取决于自由、平等的公民的批判性判断。但与哈贝马斯不同，博曼不认为公民是由于共同的理由聚集在一起作决策，相反，他们往往是为了各自的理由而赞同一系列行动。公民的聚集与其说是一种民主的公民身份的理想，不如说是一种公共理性的实际需要。哈贝马斯的理性观念使他得出了全体一致的强原则，最终使他的理论在复杂的、道德多元的社会中不切实际。这似乎是既有协商民主理论的通病，它们的立足点是某种理想而不是现实的社会条件。

现实中的民主协商受到文化多元、贫富差距、社会复杂性与教条主义偏见和意识形态的限制。[2] 有些批评者认为，多元主义制造了许多不可调和的冲突，破坏了协商。协商只能存在于共享基本价值和理念的、范围较小的同质群体中。在博曼看来，这些指责只适用于对协商民主过分理想化的理论家，并不适用他自己的理论。因为协商民主能否

---

[1] Amy Gutmann and Dennis Thompson, *Democracy and Disagreement*. Belknap Press of Harvard University. 1996, p.277.

[2] 参见 James Bohman, *Public Deliberation: Pluralism, Complexity, and Democracy*. MIT Press, 1996, p.20.

在社会中发挥作用取决于这个社会的自由程度,而不是公民意见的一致程度。博曼坚持"自由比民主重要",民主首先要自由,自由则由权利来规定和保证。一种充分发展的宪法权利体系是成功协商的必要条件,因为它能够防止偏见和不平等的最坏的滥用。在完全自由主义中,成功的公共对话产生了"所有多元的参与者都可以接受的共同意图"。评价协商成功与否的标准应该在民主制度的发展过程中来发现,而不是一些事先确定的评判标准。这些都成为源于公共协商的集体决策的合法性的要件。只有在公平、开放的决策过程中做出的决策才具有合法性。此外,协商也使公民能够自愿地遵守决策。决策应该反映多数人的意见,但协商过程应该给予少数者继续进行协商合作的理由,而不是仅仅迎合前者的意志。少数者是作为协商参与者出现的,多数者应该考虑到这一点。一个成功的公共协商应该既体现多元主义,又尊重个体的权利。公民有权运用公共对话来追求自己的利益,每个人对集体决策的影响力都是相等的。在此意义上,协商应该是"公共的",而不是"集体的"。博曼十分强调文化多元,他主张政策立场的公共理性应该充分考虑文化多样性的存在,公共性既不能太强也不能太弱,太强会排除掉许多公民,太弱则不能解决当代民主的困境。

社会理论中一直存在一种政治怀疑主义,如马克斯·韦伯和尼古拉斯·卢曼,他们把公民之间的协商视为"制度的虚构",把公众视为"幽灵",主张政治只能是专家的事业。这种论调是政治规范与社会事实之间思考失衡的结果。通常应对民主问题上的政治怀疑主义有两种方式:一种是像马克思一样,主张如果社会事实不能与民主理想调和,那就通过对事实的改变以达到规范的要求。这种方式在有些情况下是有效的,但是当规范本身就是不现实、不可能的时候,如果要求完全参与、平等尊重和一致同意等,这个方法也是无效的。第二种是改变原则以使其在当前的条件下具有可行性,这是罗尔斯的立场。但是这种方法往往事与愿违,过多的迎合社会事实可能产生较为实用的原则和稳定的制度,但其代价很可能是牺牲掉民主。因此,协商民主理论应该兼顾事实与规范,在复杂的多元主义社会中重新理解协商民主的理想。

公共协商总是在特定文化、特定背景下展开的。在没有相应的理性制度时,公民只有通过公共行动来影响政治决策,这是纯粹策略性的,而不是为了达成共识。这极大地限制了公民参与公民社会的范围和质量。为了克服策略行动,创造一个真正的民主公共领域,博曼提出以下要求:首先创造一个"言说者向别人表达自己的观点,别人能够回应他们并提出自己的观点"[1]的平台。其次,这个平台必须保证交流互动的自由和平等,目的是创造"影响政治的机会和途径,以及在国际社会中广泛分配有效的社会自由的决策环境"[2]。最后,公共领域的交流必须是公共的、开放的、没有门槛的。此外,协商程序本身也很重要,它不仅应该具有深刻的伦理维度和更高的公共性,让每个人都具有对他人负责的态度,把交往的不平等降至最低。博曼把公共协商程序称为"关于交谈的交谈"(talk about talk),它是关于"公共性规范和交往互动开启的社会空间的规范轮廓"[3]的协商,或者是"元协商",这种元协商对处理国际公共领域来说尤为重要,因为它让人注意到国际社会中不平等结构的存在。

这种被重新理解的协商民主不需要罗尔斯意义上的公共理性,也不像哈贝马斯那样要求公民具有共同的政治文化,它只要求一种手段和结果平等的对话,强调程序诚信磋商,而不是根本观点的真正一致。博曼提倡的是一种更加温和的协商理论,其基本精神在于调和,以此避免对文化多样性及其冲突的不敏感。他既强调对话过程应该尊重地方文化的价值,同时又允许新的全球意识的发展,沟通两者的桥梁是交往平等。在交往能力对称的情况下,相对无限制的交往可以给予公民根据自己的利益影响决策的合理期待。交往平等是没有边界限制的,它不局限于特定的人群,也不以特定的地域为前提。它至少对如何在复杂的社会环境下融入民主协商提供了初步的解答,如此说来,协商民主

---

[1] James Bohman, "Expanding Dialogue: The Internet, the Public Sphere, and Prospects for Transnational Democracy", in *Sociological Review*, 2004(52), p.133.

[2] James Bohman, "International Regimes and Democratic Governance: Political Equality and Influence in Global Institutions", in *International Affairs*, 1999(75), pp.512 – 513.

[3] James Bohman, "Expanding Dialogue: The Internet, the Public Sphere, and Prospects for Transnational Democracy", in *Sociological Review*, 2004(52), p.136.

更能适应全球"无政府"的趋势,为不同种族、民族、阶层的人们的相互理解提供"共享的规范背景",为决策者提供自我限制的动机,同时也为人们提供参与而不是屈服的动力。出于这种由平等交往带来的共同利益的意识,协商民主的不确定性和不稳定性也会被削弱。

第二节 弗雷泽的正义—民主观

弗雷泽十分强调协商民主的参与性,这是与她的正义理念分不开的。在她看来,民主的终极目的是要实现社会正义。一个社会有不同的面向,描述它们的范畴也应该是多元的;经济、文化、政治是社会的三个主要领域,相应地,正义理论也应该包含经济、文化、政治三种维度。弗雷泽用再分配、承认和代表权来概括这三个维度(尽管它们不是严格对应的),并用参与平等原则统摄三者,形成了其独特的"一元三维"正义框架。"参与平等"这一术语最早出现于弗雷泽对哈贝马斯公共领域概念的批判中。"参与"指所有社会成员在各个领域中的互动,尤其是对国家立法和政治决策的影响,"不参与"是专制主义的核心内容。"平等"(parity)指"平起平坐"(being equal)的状态或境况,它的重要性在于:如果一个人失去了平等的权利和地位,那么他也会失去"人类特有的行动自由"[1]。弗雷泽用这一术语来质疑哈贝马斯所作的假设:个体能够在不平等的条件下作为政治伙伴进行互动。她指出,"参与平等的一个必要条件是必须消除系统性的社会不平等"[2],在不平等的背景下,民主公共领域中的平等互动是不可能的。弗雷泽主要从政治意义上来界定参与平等,因为参与平等是正义的核心要求,而正义应该是引导政治讨论的首选话语,那么参与平等应该成为代表公共理性的首要原则,确保政府尊重民众的权利和福祉。

---

[1] [美]汉娜·阿伦特:《极权主义的起源》,林骧华译,时报出版公司1995年版,第421页。

[2] Nancy Fraser, "Rethinking the Public Sphere: A Contribution to the Critique of Actually Existing Democracy", *Social Text*, 1990(25/26), p.65.

根据参与平等原则,正义要求社会的安排保证所有人同等地参与社会生活。"正义最一般的含义是参与平等。根据对平等道德价值原则进行的激进民主阐释,正义要求允许所有人平等地参与社会生活的社会安排,消除不正义就是取消阻止某些人作为平等的、完全的主体参与社会互动的制度障碍"[1]。从内涵上来说,"参与平等"包含三层意思:第一,所有人都应该参与社会生活[2];第二,所有从属于特定结构的人都应该参与到与这个结构相关的决策事项中来,而不能被"排斥"在外;第三,所有人都应该作为平等的伙伴参与社会生活。弗雷泽关于参与平等原则的论述类似于罗尔斯的机会平等原则,即在机会公平的条件下,职务和地位向所有人开放,也就是所有社会成员都能够作为平等主体参与社会生活。

协商民主的本质是公民对政治决策的平等参与,并且理性地表达自己的诉求。根据这一点,弗雷泽认为通过参与平等可以在民主与正义之间建立起联系。若要理解这一原则所起的作用,就应该把它既看作是一种"结果概念",又是一种"过程概念",这体现了民主正义的弹性特征和双重性质。作为一种结果概念的参与平等为评价当前社会安排提供了正义标准,即通过观察一个政治联盟的成员是否具有平等参与社会生活所需的经济资源、文化地位和政治发言权来评价社会安排是否正义。只要存在社会的政治构建,正义就要求这种构建是民主的。参与平等也可以作为一种过程概念,它说明了程序标准,以此可以评价规范的民主合法性:当所有受权力运行影响的人在规制权力的决策程序中享有平等发言权时,就实现了参与平等的政治前提;只有从民主程序中公平地产生出的规范才是公正的,此外,当所有相关人士作为平等参与者在公平的、公开的协商过程中都支持这些规范时,它们才具有合法性。因此,参与平等也提供了一种检验正义规范合法性的程序标准。

---

[1] Nancy Fraser, "Reframing Justice in a Globalizing World", Kevin Olson (ed.), *Adding Insult to Injury*. Verso, 2008, p.277.

[2] 至于"所有人"到底指哪些人要看具体的语境,弗雷泽在阐述代表权问题时提出"所有从属者原则"来划定正义主体的范围。参见 Nancy Fraser, "Who Counts?", *TransEuropeenes*, 2012, p.9.

参与平等原则能够同时提出本质和程序问题,揭露不正义的背景和不民主的程序。弗雷泽在此强调民主对话的重要性,他把正义的重要方面当作集体决策问题来对待,认为应该由公民自行解释和运用参与平等原则,以便决定什么样的再分配、承认和代表权诉求是合理的。

正义和民主是20世纪中叶以来,政治哲学关注的主题,民主决策是社会正义实现的关键要素和条件,然而它们并不是必然结合在一起的,例如南非虽然实行民主制,但仍存在严重的种族歧视;此外,查尔斯·蒂利(Charles Tilly)通过对巴西的考察发现,"或多或少在起作用的民主政权能够出现于和幸存于大规模的物质上的不平等之中。在两种条件下,社会的不平等阻止民主化并且破坏民主:第一,持续的差异通过种族、性别、阶级、民族、宗教和类似的宽泛分类固定为日常生活的种类不平等;第二,把这些种类的差别直接转移到公共政治"[1]。因此,一个平等的社会不仅需要民主制,而且需要正义观念的指导和规约;致力于实现平等的民主制必须在正义框架内才能成为推动平等参与的有效手段。

关于正义和民主之间的关系,西方哲学传统存在两种不同的观点:一种是单一论或柏拉图主义,主张未来的哲学应该规划具体的正义蓝图,这种论述没有为民主留下任何空间,它忽视了历史语境和多元主义的事实,否定民主合法性的重要性。这一观点在当代的变种是"正义/民主对抗说",它主张民主与正义在原则上相抵触,两者在价值上背道而驰。立法原则要求法律是民主商议的结果,但单一论却把民主排除在外,因此它支持的法律只能是专制主义的。另一种是空洞的程序主义,认为纯粹的民主程序就可以保证正义的实现,这至多是一种程序正义。它抛弃了正义的实质内容,不能为社会诸问题提供全面的实践指导。这一观点在当代的延伸是"正义/民主同源说",它认为正义与民主是一体两面的,虽然两者的结构和规则不同,但支撑它们的基本原则是相同的,所以两者的根本目标也是一致的。弗雷泽认为,上述两种观点都是不合理的,因此她试图重构民主与正义之间的关系以及它们的

---

[1] [美]查尔斯·蒂利:《民主》,魏洪钟译,上海人民出版社2009年版,第108页。

第三章　对协商民主理论的反思与辩护

地位,我们可以把这一路径称为"正义/民主制约说"。

在西方学界,把正义与民主结合起来考察的学者并不多,"政治哲学家没有足够重视民主和正义之间的关系,一些人关注正义,他们的首要任务是说明如何公平分配利益、社会合作的负担问题,至于政治联合如何影响这种公平分配的问题则不在他们的考虑范围;另一些人关注民主,他们的基本议题是决定集体自我统治的本质和范围。这些哲学家集中考察公平决策程序的具体化,他们一般都抛弃对正义的具体论述,因为他们相信应该由公民自己决定何为公正"①。一个显著的例外是布莱恩·巴里,他深入考察了民主与正义之间的关系,但他认为两者并不存在必然的相关关系,民主只是一种链接民意与决策的程序,不能保证其结果的公正性;也就是说,民主不是实现正义的充分条件。然而,在弗雷泽看来,民主与正义之间确实存在一种循环关系,正义的获得要求政治安排必须是民主的。换言之,民主是实现正义的必要条件,只有在民主协商中,才可以构建正义的本质。"一方面,在既定情况下,实现参与平等的条件只有通过公平的民主协商来决定;另一方面,公平的民主协商以参与平等为前提。"②把这两种概念放在同等重要的位置上就会发现,民主协商确保决策结果是正义的,而正义保证了这种协商是公正的。但S.汤普森(S. Thompson)指出,也许弗雷泽的论述的实质是正确的,即应该由公民自己决定什么样的再分配、承认和代表权诉求是公正的,但是这种决定只有建立在公正的再分配、承认和代表权的基础上才能做出,而这恰恰是问题的核心,在许多情况下,不公正的决策程序会再生产出不正义的状态,这种不正义状态会固着在不公正的程序中。

民主程序的改变在极大程度上可以影响关于正义的集体判断,这种判断的改变也可以极大地反作用于民主程序。这个论断可以促使正义与民主的良性循环:公正的民主程序能够产生更多正义的结果,更多

---

① S. Thompson: "On the Circularity of Democratic Justice", *Philosophy and Social Criticism*, No. 9, 2009, p.1080.
② Nancy Fraser: "Identity, Exclusion, and Critique: A Response to Four Critics", *European Journal of Political Theory*, No. 6, 2007, p.331.

正义的结果能够促进公正的程序,直至实现民主正义;同时,它也可以导致两者的恶性循环:不公正的程序能够加深不正义,更多的不正义可以导向更多不公正的程序,因此永远无法逃避非民主—不正义的状态。按照汤普森的说法,民主与正义之间实际上是一种恶性循环,而不是一种良性循环:不具有完全包容性的协商导致不完全公正的结果,不完全公正的结果破坏了完全包容性协商的可能性。在这种情况下,不正义与非民主的相互强化,阻挡了完全实现民主正义的可能性。在实践中,这种恶性循环更甚,正如艾里斯·扬所说:"在实际存在的民主中,在社会与经济不平等与政治不平等之间存在一种强化的循环,使得有权力的人利用正式的民主过程把不正义或特权永久化。"[1]用弗雷泽的术语来说,那些拥有资源、地位和发言权的人必然享有特权地位,以便保证民主投票的结果符合他们的利益;这些在民主过程中获取的利益反过来又增强了他们的地位。在目前的情况下,很难打破民主与正义之间的恶性循环。

事实上,弗雷泽已经认识到非民主与不正义之间存在着一种深层的内在联系,她指出那些遭遇错误代表权的人很容易遭遇阶级和地位不正义;缺乏政治话语权就不能有效捍卫分配与承认方面的利益,而后者又加剧了政治不正义,因此在正义的三个维度之间存在一种恶性循环关系,它们共同阻碍人们平等地参与社会生活。在这种情况下,民主协商的结果往往不利于那些不能有效参与协商过程的弱势群体,因为他们不能平等地参与,所以就无法把民主协商当作一种实现正义的变革手段。上述分析不局限于政治社群内部,也可以扩展到社群以外的人,只要是被结构性地排除于平等参与社会互动之外的人就是遭受不正义的主体。社群以外的人比起内部的人在面对不正义时更加脆弱,由于他们没有正式的政治成员资格,所以根本没有参与政治协商的机会。这一逻辑对民主正义而言是不利的,弗雷泽没有具体说明不公正的协商程序与不充分的正义规范彼此强化的问题,或许正是为了避免

---

[1] Iris Marion Young, *Inclusion and Democracy*. Oxford: Oxford University Press, 2000, p.17.

循环论证的危险。她提出,打破这一逻辑的方法是否认民主与正义处于完全的循环关系中,正义的诉求应该对民主协商具有独立的限制。为此,在哲学家与公众之间应该存在劳动分工。虽然哲学家的任务是阐明与正义要求兼容的政治选择,也必须让公众自己做出选择。换言之,哲学家的角色对参与平等进行理论分析,这是为了确定与标准相符的法律、政策和制度的范围,为了让公众能参与到民主辩论中,以便在这一范围内做出选择。这就保证公众受到参与平等原则的制约,他们不能选择与其不兼容的(或不正义的)政策,也不能选择这个原则本身。作为参与平等的正义为民主协商的选择范围设置了绝对的限制。

然而,汤普森认为,这种克服恶性循环问题的方式是错误的。它使确保公正的、包容的协商的正义问题完全超出了民主协商的范围。这样做就会把正义与民主之间的关系退回到单一论或柏拉图式的思考方式中。他做了下述假设:大部分民众希望采取罗尔斯包含"差别原则"作为公平的正义观念,但罗尔斯的原则与弗雷泽的平等原则是不相容的。差别原则主张只要有利于最少受惠群体,就应该容忍分配基本善时的不平等,然而这种分配与参与平等相背。在这种情况下,当弗雷泽强调参与平等原则必须规定协商的条件,她就排除了民众选择罗尔斯正义观念的可能性,虽然许多政治哲学家觉得后者是有道理的。弗雷泽的这种论点非常类似于她所拒斥的单一论。

在他看来,弗雷泽的立场意味着拒绝民主原则,根据这一原则,涉及到某些人的偏好应该得到这些人的同意。也就是说,只有受到政策制约的人才能把自己当作它的制定者,并在民主协商过程中支持这一政策,正义规范才是合法的。作为参与平等的正义不应该作为民主的独立制约,只有通过协商,正义规范才能获得合法性。更好的方法不是放弃正义的特定方面优先于民主的观念,而是在正义与民主之外引入其他规则,通过其他方式把这种提议制度化。这个被引入的规则应该在宪法中体现。现代民主的制度设计使改变公正的、包容的民主协商的必要条件要比改变其他非必要条件困难。例如,如果给予正义规范一定的宪法保护来确保公正的、包容的协商,那么就只有占绝大多数的协商者才可以改变这些规范。程序主义者也认为,"一个公正的民主应该具备一种规定民主决策范围以及限制实际决策的宪法,并且确保法律程序无法变更这一公正宪法的条款"①。其他对于确保这种协商而言并不重要的正义规范将服从于普通民主协商过程的限定。汤普森认为这种观点具有两种优点,第一,因为它没有绝对限制协商者做出的选择,所以民主与正义仍然处于一种循环关系中。这意味着它不会成为一种正义单一论,这种单一论使哲学家脱离公正的、包容的民主协商所必需的正义规范而做出决定。第二,因为这种观点不容易改变协商的条件,所以民众选择破坏协商的公正性和包容性的规范的危险就减小了。接下来,汤普森试图挑选出那些能够确保公正的、包容的协商所必需的正义要素,然而,这里存在一个如何把握"度"的问题:一方面,如果把协商的必要条件设置得过低,那么民众只要不选择那些明显不公正的决策就可以了,这样仍不能打破民主与正义的恶性循环;另一方面,如果把协商的条件设置得过高,那么有人就会指责民主协商的范围被不公正地限制了。汤普森认为,这也是弗雷泽坚持"参与平等必须是'公共理性的主要习语'"②时必然会遇到的问题。

弗雷泽试图用"足够好的协商"观念来解决这一问题。她指出当协商能够减少不平等时,它就是"足够好的",它在下一轮的政治讨论中将更加公正,能产生更好的结果。她进一步引入民主正义的最小标准和最大标准。最小标准对足够好的协商而言是必要的,而当完全实现了参与平等的条件时就满足了最大标准。换言之,如果实现了民主正义的最小标准,那么达到最大标准就是可能的。弗雷泽没有在任何细节中识别出这些最小标准,然而汤普森却认为这是一项至关重要的工作,有必要标识出多少经济资源、什么文化立场和何种政治发言权可以保证产生足够好的协商。

在经济资源方面,最小标准可以采用最低工资的形式,最大标准可以是相对高水平的基本工资;在文化立场方面,最小标准可以是免遭严

---

① Keith Dowding, Robert E. Goodin, Carole Pateman (eds.), *Justice and Democracy: Essays for Brian Barry*, Cambridge University Press, 2004, pp.19—20.
② Nancy Fraser, Axel Honneth: *Redistribution or Recognition? —A Political - Philosophical Exchange*. Verso, 2003, p.43.

重影响个体特定生活机会的蔑视,最大标准是适当承认政治联盟所有成员的文化价值的制度化模式;在政治代表权方面,最小标准可以是普选政府的基本民主制度,最大标准是在这些基本制度之上的、保证政治联盟的所有成员具有平等话语权的性别配额和多元文化权利。在每种情况下,最小标准确保产生足够好的协商,而最大标准则没有上限,特定民众只要有机会就会实现它们,参与平等原则也属于此列。虽然汤普森主张应该更加强调确保参与平等的最小标准,然而参与平等原则并不与其相背。就政治代表权而言,弗雷泽指出,如果在概念上和制度上都能够民主地决定政治社群边界,就有可能避免民主与正义之间的恶性循环。

第三节 扬的深层民主构想

在艾里斯·扬(Iris Marion Young)看来,民主具有内部和外部两种价值。民主自身的价值在于,它可以发展民众思考、判断、合作的能力,培养民众的尊严感和价值感。民主的外部价值是它可以保护所有社会成员,尤其是边缘和弱势群体的利益,充当社会正义的"催化剂"和"清道夫"。民主不只是参与者促进自身私益的手段,更重要的是它能够有效地解决社会问题,赋予决策合法性,使所有社会成员都有在开放的平台上理性地思考和讨论公共问题,在不被打扰的个人空间中思考私人问题。民主为所有社会成员提供了认识自我、参与社会活动的机会和资格,因此它是防止权力侵蚀和滥用的最有效的政治形式。扬不满足于一般的或浅层的民主架构,而是叮求一种深层民主、激进民主,一种能够体现规范理性的民主。这种民主之所以是深层的是因为它致力于把整个社会民主化,它不限于公共领域,把私人领域也涵盖在内。前者主要指差异的民主化,后者主要指隐私的民主化。

与深层民主相对的是浅层民主,扬以美国为例,它现行的代议制民主其实是一种"聚合民主"(aggregative democracy),它综合公众的偏好来选择官员和政策,民主决策的目标是最大限度地迎合大多数人的偏好。它以法治为前提,用投票方式来决疑。它重视民主的结果,而不是过程。这种民主是一种典型的"浅层民主"[①]。代议制民主的原则是"多数原则",即"少数服从多数"。按照这条原则,政治家就像企业家那样以"意见市场"为导向。在这种民主中,民意之间存在竞争,每种意见背后都存在相关群体的利益,它们博弈的结果往往是少数派的屈服。虽然投票和决策的过程是公开的、公正的,但取得合意的代价总是小部分人的利益受损。这种民主模式最能代表资本主义市场规律的精神,也最为参与民主理论家诟病。后者认为,前者完全遵从市场经济的逻辑,政客的理性是市场竞争中的策略理性或工具理性,因此它时常顺从胜者的意愿,而不顾社会的公正和正义。具体而言,聚合民主存在以下缺陷:

第一,随着经济精英占据主导地位,聚合民主愈来愈遵从资本运行的逻辑,决策过程越来越工具理性化,工具理性容易产生单面、异化和压制,这一点在批判理论家(如马尔库塞)那里有成熟的论述。过分强调专业分工和职能权限的划分,忽视社会环境对组织的影响,使组织缺乏适应社会发展变化的能力,并压抑民众的个性发展和情感交流。

第二,聚合民主主要是政治性民主,不包括经济和文化方面的民主。然而,经济上的民主才是根本性的,因为经济不平等限制了民主的潜力。聚合民主的层级管理和控制系统已经无法满足信息时代的要求,网络技术的发展打破了长期以来政府对公共资源的垄断,并且要求政治对迅速变化的经济和社会做出反应。

第三,它不考虑民意偏好是如何形成的。这些偏好可能出自冲动、深思、欺骗或恐惧。有的人因为自私而支持某项政策,有的出于利他,有的则完全是盲目的。盲目的民众参照的不是真实的经验和遭遇,而只是一些统计数据。聚合民主对这些动机保持"中立",它只看重他们选择的结果,终归不过是一些数字游戏罢了,甚至具有赌博的性质,因此这些选择和偏好是没有"质量保证"的。

---

① 按照艾里斯·扬的理解,浅层民主与深层民主相对,深层民主致力于把整个社会民主化,它不限于公共领域,把私人领域也涵盖在内。公共领域的民主化主要指差异的民主化,私人领域的民主化主要指隐私的民主化。

第四,聚合民主不利于政策的改进。由统计数字而来的民意偏好无法为决策者提供确切的、真实的信息来改善某项或某些制度设计,而且也不能为协调合作提供正确的指导。在这种情况下,聚合民主还容易导致民众对政治过程产生淡漠态度。从极端例子来看,盲目的民主容易导致"多数人的暴政",甚至会成为极权主义滋生的温床。事实上,西方人对大众参与的广泛民主抱有戒心,例如魏玛共和国高度的民众盲目参与最后导致法西斯主义,以及二战后一些建立在大众参与基础上的极权政权的出现;在聚合民主下,民众还容易对政治过程产生淡漠态度[①]。

第五,聚合民主不利于培育民众的批判性思考、判断和对话的能力,不利于提高民众政治参与的积极性,甚至最终会破坏民主的精神。

第六,聚合民主的决策不能接受道德合法性的检验。从本质上讲,它是外在于政治过程的,在这种民主中,每一种使用道德语言的合法性检视或批判性反思都显得是一种特定的偏好;从表面看来,它们与其他诉求和偏好没有不同,只是对某一问题的一种"意见",表层的主观性掩盖了其内在的规范性,聚合民主没有为规范检验留下任何机会,因此它是规范"盲视"的。

即使聚合民主的结果是公平的、合理的,它也不能为决策提供坚实的合法性基础,因此必须以一种深层民主取而代之,这种民主以民众的广泛参与为前提,它的适用范围包含两大领域:公共领域和私人领域。在公共领域中,它强调话语和差异的重要性。对差异的重视使扬的民主理论比哈贝马斯更具有更广泛的民众基础,它把所有边缘的、被排除的群体和个体都纳入到其话语体系中,并赋予它们平等的地位,积极认可它们的差异性和独特性;她主张共识和差异对决策而言是同等重要的,它们可以在政治过程中并存或相互促进,而不必为了成全一方而牺牲另一方。

在公共协商中,个体可以发表关于公共问题的看法、表达自己的诉

[①] 许多相关书籍从不同角度指证了这一点,它们涵盖了心理学、社会学、经济学和统计学,如庞勒的《乌合之众》和布赖恩·卡普兰的《理性选民的神话》。

求,并且努力使这些观念变成具有合法性的政策,从而使自己成为社会事务的决策者。公共领域提供了一种民主决策的结构,这个结构为把个人意见上升为国家意志提供了可能性,这样产生的国家意志在很大程度上得到民众的服从和支持,因为支撑它的核心范畴是"共识",政策是民众自行讨论的结果,而不是外部强加的规范,因此民众对它怀有强烈的"认同感"。"共识"这个术语的含义是指消除差异、化解冲突,对某一问题具有一致的看法。在这里,"消除差异"往往被误解为"消除分歧";分歧和差异不能等而视之,其实它们之间是一种从属关系。广义的差异不仅指种族、民族和性别等方面的差异,而且指关于"我"与他人相区别的所有方面,比如衣着、个人习惯、体态特征等。分歧仅仅指那些相互对立的区别,它内部又可以分为公共性分歧和私人性分歧。只有针对公共性分歧的讨论才能够在公共领域中发生,才有达成共识的必要,而私人性分歧以及其他方面的差异则不能被消除,也不应该被消除,它们应受到隐私权的保护,拥有一块不被干扰和侵犯的空间。公共性分歧的共识主要指原则上的共识,而不是具体操作上的共识。比如,在是否建立受虐(家庭暴力)女性庇护所的问题上,公共讨论应该限于是否有必要建立庇护所,它应该围绕女性的人权、自由等(宏观)问题达成共识,至于如何建立庇护所、庇护所需要配备什么样的人员、怎样进行沟通等问题应当留给受虐女性自己来决定。受虐女性庇护所的救助功能不仅仅体现在它能够为受害女性提供临时吃住,还应该能够给予她们引导和安慰,而这些"隐性需求"只有受虐女性自己才能体会和发现,因此她们是具体操作的最好决定者,而不是由专业人员程式化地满足既定的"需求"。这要求社会政策从"需要满足"向"需要诠释"转变。

在操作层面上,传统的决策方式通常是一种需要满足管理,即只要满足了所谓的需要,那么管理的目标也就实现了。这种方式或隐或显地具有一个相对结构,即"A 为了 y 而需要 x"。当考虑如食物或住房这种非常普遍的需要时,这个结构没有任何问题。因此,可以明确地说,所有居住在非热带气候中的无家可归的人为了生存而需要居所。绝大多数人将做出以下判断:作为生活和自由保障者的政府有为满足此种需要的责任。然而,当考虑具体层次时,需要诉求变得矛盾了:无家可归者到底需要怎样的安置呢?他们到底需要什么样的住房呢?需要满足管理者往往对这些问题视而不见,而是把它们放置在一种"目的"关系链条中,他们假设当这个目的(有住所)满足时,一切需要会随之满足了,对这个问题也就没有进一步讨论的必要了。需要满足管理只关心能不能提供各种"前定义"的需要。结果,它把注意力从政治问题上移开。首先,它把人们对需要的理解当作纯粹给定的、没有争议的;它封闭了需要的理解维度,封闭了下述事实:需要诠释本身在政治上也是可争论的;其次,它假定无所谓谁来解释争论中的需要,也无所谓从何种角度,根据什么利益;因此,它忽略了谁开始建立关于人们需要的权威定义本身就是一项政治赌注;再次,它认为诠释人们需要的公共话语的社会权威形式是充分的和公平的,这是不言自明的,因此忽略了这些公共话语形式是否被曲解,而有利于主流社会群体的自我理解和利益,它使人不能意识到公共话语手段自身在需要政治中就是有分歧的;最后,需要管理没有把需要诠释过程的社会的、制度的逻辑问题化;因此,它忽略了权威的需要诠释在何种社会中、在何种制度中得以发展,以及对话者的异质性在什么样的社会关系能够被识别出来。

为了纠正这些盲点,应该采用一种在政治上更加具有批判性的、以话语为导向的替代方案。在扬看来,这一方案就是差异的民主化,公共领域的差异民主化是其深层民主构想中的一个重要层面:首先,差异的民主化可以对既定的共识标准提出质疑,它把共识本身变成了一个涉及合法性的政治问题,或者把它当作一个非政治问题;其次,它把差异跟权力勾连起来,把差异的承认和满足当作一种权力斗争,因此能够对政治压制和排除提出更加强有力的批判;最后,差异的民主化可以使不同层面的诉求得以显现,丰富公民社会的多样性,为进一步的民主化提供基础。对不同差异的阐述和发现是推动政治改革和政治进步的动力,这一点在扬论述种族运动在民主进程中的作用时就已经认识到了。"在公民社会中,关于一个显现出来的问题的私下议论闯入更具公共性的讨论中,引导公民组织起来推进关于此议题和政府处理方式的更广泛的讨论。这个问题本身部分来自于结构性的社会群体差异,以及与其相伴的偏见、特权与误解。"[1]作为一位激进的女性主义者,她不满足于呼吁社会对差异的认识,而是主张对差异进行积极地承认。"存在社会群体差异,某些群体有特权,另一些群体受到压迫,社会正义要求明确承认群体之间的差异,以此消除压迫。"[2]她认为,不同的性别、种族和性倾向都有各自的价值,这些差异不仅要被承认,而且要以看得见的方式被承认。所有公共问题都是由个体或群体的公共性分歧引起的,政治制度凭借对不同需求的辩护而获得动力和生命力,因此它需要把不同的利益主体纳入到自己的社会规划中,以确保公共对话及其决策的有效性。如果个体或群体之间没有分歧,它们具有共同的利益、共同的观念、共同的目标,那么"冲突"就无从发生了,政治制度也就没有存在的必要了。从这一角度来看,构建政治制度的初衷就是为了协调各种群体诉求之间的关系,越完善的政治形状应该越具有包容性。因为这些诉求是不断变动的,所以需要改进和完善政治制度来适应新情势。如果说差异是扬的话语民主理论的起点,那么包容就是它的归宿。

扬的深层民主构想除了公共领域的民主化,还包括私人领域的民主化,即隐私的民主化。这个层面的民主化对深层民主的实现至关重要但也经常被忽略。"隐私权指的是一个人是否允许了解她本人及其个人信息、对她意义重大的事物的控制权和自主权。"[3]在隐私权不民主的国家里,只有上层阶级才享有别人对其个人资讯和空间的尊重,那些没有这种权利的人会被随意询问,个人的一举一动都仿佛是一场"公众事件";对隐私的侵犯成为一种社会规训,甚至惩罚的有效手段。统治者在一种封闭的、不对外开放的空间里实施权力,其极端反面也能达到同样的目的,在现代社会,通过全景敞式的监视来压制反抗。前者借助构建隐私(作为一种权力)实现统治,后者则借助摧毁隐私(作为一种权利)实现统治。它们的问题都在于,没有把保护隐私当作一种

---

[1] Iris Marion Young, *Inclusion and Democracy*. Oxford University Press, 2000, p.3.
[2] Iris Marion Young, *Justice and the Politics of Difference*. Princeton: Princeton University Press, 1990, p.3.
[3] Iris Marion Young, *On Female Body Experience:"Throwing Like a Girl" and Other Essays*. Oxford University Press, 2005, p.152.

基本的人权和道德价值确立起来。"18世纪下半叶有一种普遍的恐惧:对黑暗空间的恐惧,害怕阴暗的帷幕遮掩了对事物、人和真理的全部的视觉。人们希望打破遮蔽光明的黑幕,消除社会的黑暗区域,摧毁那些见不得人的场所,独断的政治行为、君主的恣意妄为、宗教迷信、教会的阴谋、愚昧的幻觉统统是在那时酝酿形成的。"①在这里,隐私是特权的象征,隐私权的民主化就是对这种特权的反话语性颠覆。如果把这一民主化努力也视作民主规划的一部分,那么民主不仅包含言说的权利和自由,而且涵盖不被言说的权利和自由。"言说"是一种行为,也是一种状态;既是一种积极的状态,也可以是一种消极状态。民主为言说划定了界线,民主的对象只能是可以被言说的公共议题。在这一点上,扬比哈贝马斯走得更远,其意义也更加深远。

除了对个人信息的掌控权,隐私权还涉及私人空间不被侵犯和私人活动不被干扰的权利。伍尔芙有感于女性在当时社会中所受的限制,创作了《自己的一间屋》。她在这篇洞见深刻的文章中指出,女性若要进行智力创作必须拥有一间上锁(不被打扰)的屋子和500英镑的年薪。这些外在条件可以保证写作的独立性和连贯性。"19世纪早期的中产阶级家庭成员只拥有一个起居室?如果一位妇女写作,她就得在公用的起居室里写。而且,诚如南丁格尔所强烈抱怨的那样,'妇女从未有……能称之为属于自己的半个小时'——她总是被打断。虽说如此,在客厅写散文和小说还是比写诗歌或者戏剧容易,因为不需要那么集中精力。简·奥斯汀一直到生命的结束都是这样写作的。'她能完成所有这一切,'她的侄子在回忆录中写道,'真是令人吃惊,因为她没有单独的书房可去,大多数工作须在共用的起居室里完成,受制于各种各样偶然的打扰。她小心翼翼,不让仆人或客人以及任何家庭成员之外的人猜到她所从事的活动。'奥斯汀把手稿藏起来,或用吸墨纸将它们盖住。"②女性的精力总是被一些突如其来的"小事情"耗散着,她们随时可能陷入心理波动,又不得不努力调整心态,使自己显得"正

---

① 《权力的眼睛:福柯访谈录》,严锋译,上海人民出版社1997年版,第156页。
② [英]弗吉尼亚·伍尔芙:《自己的一间屋》,王义国译,载《伍尔芙随笔全集》(第二卷),中国社会科学出版社2001年版,第549页。

常"、"从容"。她们永远忙于隐私坍塌之后的重建,处于这种状态的女性的健康状况不容乐观,她们更容易罹患由于分泌失调导致的精神或身体疾病,至少可以从经验观察中看出,患癌女性大多焦虑、劳累过度。

事实上,拥有私人空间和私人活动不被侵扰不应该是某类人的特权,而是一项所有公民都可以享有的社会权利。女性从小到大总是受到这样的干扰:当小女孩尽情玩耍时,她们会充分调动身体的各个部位,或跑或跳、或抢起手臂或迈开大步,如果这时有一个成人旁观者在场,他通常会说:"这些女娃子太野了。"恰巧这些话被她们听到了,也许她们不理解"野"的确切含义,却知道这是个负面评价。随着岁月的增长,不断有人从她们身边经过,对她们做出各种评价,她们承受着这些侵扰,于是她们的动作渐渐地变形了,不再那么放松、张扬,而是收紧再收紧,步子不敢迈开,手臂也没了扩张运动,她们变成了一群"折翼天使"。施特劳斯把女孩折翼后的表现归结于她们的肌肉虚弱,她们的身体成了反对她们自己的最好理由,这时侵扰和打断的外生压力变成了机体不和谐的内生冲突,阻碍了她们参与诸多社会活动的积极性。

隐私的缺乏在弱势群体中是一个普遍而严重的问题,但是通常情况下它却被当作对这些群体的照顾,以"照顾"之名掩盖了其侵犯性。以生活缺乏自理能力的老年人为例,他们被送进养护中心,表面上看得到了照顾,实际上个人生活却受到严重干扰。安全和养护是家的基本功能,但不是所有能够提供这些功能的地方(如宾馆)都可以称为"家"。我们可以在家里放置私人物品,它们代表了历史和经历,当我们看到它们时,我们可以独自回忆或跟至密亲朋分享,因此我们眷恋着家,它支撑着我们的自我认同。住进养护中心的老年人虽然得到身体上的照顾,但他们往往缺乏认同感和归属感。因为他们大部分过着集体生活,几乎没有个人空间,这种生活一方面可以使他们及时得到照料,但另一方面却造成了他们与过去的疏离感。老年人很在意过去的印记,很看重私人物品投射出的价值,但是在养老院他们与过去的联系被人为地割断了。"一般而言,老人拒绝离家住进这种地方,他们的家属和朋友也会尽力不让他们住进养老院,除非别无选择",因为"老人自己和他们的亲人认为住在养老院是一种剥夺和有损尊严的事"。[1]显然,没有私人空间的老年人被宣示为弱者,他们失去了掌控自己生活的基本权利,而这项权利是关乎他们生活质量高低的一个重要因素,也是民主的真正意蕴所在。

扬探索了一种能够使所有社会成员的利益受到保护的政治方式,她把这种民主称为"深层民主",与代表精英利益的浅层民主相区别。这种深层民主的实现需要两方面的努力,一种是公共领域中的差异民主化,另一种是私人领域中的隐私民主化。公共领域的民主化是近现代政治的发展趋向,学者们对这一问题做了大量探讨。以往关注的焦点集中在如何协调不同诉求主体的利益?如何在差异中寻求共识?但是,差异本身却被忽略了。扬认识到这一点,她认为差异问题是政治过程的前置性问题,在不承认和尊重差异的背景下达成的共识只是一种"虚假共识",是强意志对弱意志的压制,后者的诉求在政策商谈中根本得不到满足,甚至连表达的机会都没有。一种深层民主应该以承认和尊重个体和群体之间的差异为前提,最大限度地把所有公民纳入到公共对话中,以此增加对话的有效性和说服力,进而为政治决策提供活力和合法性,因此深层民主的一个显著特点是包容。私人领域的民主化是一个重要但容易被忽略的问题。学者通常把政治与公共领域联系起来,并且在公共领域与私人领域之间划定严格的界限,任何僭越都是不合法的。20 世纪 60 年代以后,第二波女权运动的口号"私人的即政治的"(Personal is Political)撼动了这一论调,扬关于私人领域的民主化观点也是这一时期形成的,这不是一个单纯的巧合,我们可以把她的这一思想视作对上述口号的回应和拓展。扬把隐私定义为一种自主权,它关涉着私人领域中的权力关系。女性位于权力关系的底端主要体现在她们无法控制自己的私人空间和个人活动,她们经常遭到言语或身体的干扰和侵犯。这种情况不是女性所独有,任何处于权力底端的群体或个体都会遭遇同样的经历。他们连跟自身密切相关的事物都

---

[1] Iris Marion Young, *On Female Body Experience*: "*Throwing Like a Girl*" *and Other Essays*. Oxford University Press, 2005, p. 166.

缺乏控制力,更不用提他们在公共领域中的参与度以及对政治决策的影响力了。从这一意义上讲,私人领域的民主化在很大程度上制约着公共领域的民主化;只有基本实现了私人领域的民主化,公共领域中才有足够的"理性"对话者。反过来,一种成熟的公共领域能够为私人领域的民主化提供法律保障和制度支持。因此,只有两者同时推进,深层的民主才是可以期待的。

第四节 本哈比对协商民主的辩护和反思

塞拉·本哈比的协商民主理论与哈贝马斯的理论是一脉相承的。在她看来,"民主是一种在社会的主要制度中权力的集体和公共运用的模式,它的基本原则是影响集体福祉的决策可以被视为在道德和政治上平等的个体之间的自由的、理性的协商的结果"[1]。从这个界定可以看出,协商在本哈比的民主理论中是一个关键因素。然而,这不意味着经济福利、制度有效性和文化稳定在民主的规范理解中不重要。民主必须满足经济福利和集体认同的要求,但是它们并不是组织集体生活的民主的规范基础,因为在专制政体下也可以达到某种经济福利,或者比民主政体更成功地确保集体认同意识。民主来自于自由,而且最终要保障自由。民主的合法性基础在于它平等地代表了所有人的利益,它只有在自由的、平等的公民进行公共协商并做出决策时才能实现。在全球化背景下,既有体制中的公民往往是不平等的、不自由的,他们因文化、性别、种族、民族等差异而遭到各种歧视,这使代议制民主的合法性受到质疑,尤其是多元文化主义的兴起给它带来了巨大压力。多元文化主义在20世纪30年代的西方世界引起共鸣,其原因主要有以下五个:第一,颠倒的全球化进程,即非西方国家的移民社群在西方国家定居;第二,1989年共产主义在东中欧的失败和新的地缘政治的

---

[1] Seyla Benhabib, *The Claims of Culture: Equality and Diversity in the Global Era*. Princeton University Press, 2002, p.109.

出现;第三,欧洲联盟和新权利体制的出现;第四,资本主义民主中再分配政治的始料未及的后果;第五,在西方自由主义民主中变化的资本主义和社会文化整合模式。

本哈比认为,在这种情况下,能够应对挑战的路径只有哈贝马斯的双轨制协商民主模式。因为它既强调制度构建(如自由主义民主社会中的立法和司法),又重视公民社会中的政治活动、社会运动、联盟和群体的斗争,多元文化主义斗争也可以在其中拥有自己的一席之地,通过公民社会的意见形成就可以解决多元文化主义的困境。协商民主与多元文化主义不仅可以兼容,而且可以很好地结合在一起。在协商民主模式中,多元文化主义争论中的直接和间接陈述既可接受法律的规制和干预,同时又通过公共领域中的规范对话和争论体现协商民主的实质。协商民主制并不意味着总能够从公共领域中的对话产生出规范共识,而是强调即使不能产生规范共识时,人们也可以诉诸法律重新划定共存的界线。公开说理的过程不仅决定了规范的合法性,而且可以通过培养公共推理和对话的思维习惯,提高民主的公民素质。本哈比为了说明自身的观点,举了印度穆斯林的 Shah Bano 离婚案和头巾事件的例子。

第一个例子的女主角 Shah Bano 十分不满她的丈夫,要求离婚并让他支付生活费,这里有争议的问题不是生活费的数量,而是单方面的一夫多妻制、离婚女性对男性亲属的依赖和女性缺乏独立的信念。一般来说,穆斯林女性处于这种受压迫的、脆弱的、危险的境地中,除了害怕受到惩罚或放逐外,最常见的理由是她们认为这是她们的传统和生活方式,显然她们缺乏一种民主意志。Shah Bano 是个例外,她有意识地求助于法律,当穆斯林的性别传统在悄悄改变时,女性的自主意识就成了决定她们地位的关键。如果参与者的民主意志存在的话,当发生道德和政治冲突时,当日常的规范确定性失去规制力量时,人们会进行对话,这种话语实践在现时代下通常是社会变革的动力。结果,穆斯林社群发现有必要变革《婚姻和离婚法案》。女性群体、政府代理和国际发展组织参与了这一过程。女性经济独立的问题在当代印度也被提上日程。

批判理论视阈中的协商民主
Deliberative Democracy in the Context of Critical Theory

　　在头巾案中,法国政府禁止穆斯林女孩在学校戴头巾,因为头巾被视为歧视和过于"招摇"的宗教挑衅。显然,这种理解是公共领域的平等主义,它与文化的多样性和边缘人群的自主性之间是存在冲突的。在法国的公共领域中,尽管存在真正的公众对话和对多元文化主义社会中的民主和差异问题的思考,但是,戴头巾女孩们自己的想法却一直没有受到重视。她们的行为到底意味着什么?她们是出于自恋、为了引人注意还是在进行文化反抗?她们行为的意义自始至终处在晦暗不明的状态。按照自由主义的平等主义规范,禁止戴头巾的法令是积极的,它把女孩从家庭的父权制结构中解放出来,使她们进入公共领域,给予她们自信和表达自我观点的能力。然而,就是在这种标榜自由和平等的开明社会中,边缘人群依然缺乏表达观点的机会,协商对话也没有真正出现过。本哈比解释说,她不是建议在任何讨论中都要由对话过程产生合法规范。在这个例子中,法律的合法性没有受到威胁,但是法律决定的民主合法性却受到威胁。校方应该更加民主、公正,而不是简单地向这些女孩传达她们行为的意义,女孩应该拥有公开表达对自己行为的理解的权利。也许这不会改变禁止戴头巾的决定,但是人们会重新审视决定中的"'招摇地'展示宗教符号"之类语词的意义,从而更好地尊重少数群体。事实上,民主协商是一个双向学习的过程。法国社会的大多数人需要学会不能把所有戴头巾的人诬蔑或刻板地印象化为落后的、受压迫的生物,这些戴头巾的女孩以及支持她们的穆斯林社群需要学会在公共领域中为自己的行为辩护。在要求尊重和平等对待她们的宗教信仰时,她们也需要明确该如何对待其他的宗教信仰。她们是否想要把宗教和国家、政治区分开?在这方面,有些穆斯林的作法的确过火了。土耳其的伊斯兰宗教党派最大限度地逼迫国家的世俗宪法,试图通过选举颠覆宪法。本哈比呼吁人们要认识这些斗争,她提醒人们这些问题都已经超出意识和宗教自由的个体范畴,变成了关于国家和主权的政治争论,这些问题也许只能在民主协商中才能得到合理的解决。

　　然而许多批评者指出,双轨制协商民主并不能产生"假想"的愉快结果。公民社会的不同群体的参与经常产生相反的结果,特别是在高度两极化的社会中,不同的文化、伦理和语言群体之间的遭遇往往引发仇恨,所以应该减少他们相遇的次数。如果不同群体之间的仇恨过于强烈,法律只能在一定程度上控制仇恨的爆发。因此,对于多元文化主义社会的普通公民而言,不同族群在公民社会中的遭遇既有教育意义,又令人不安。这里的问题不是如何想方设法地把不同群体的成员强制推进一种对话的框架中,而是如何在一个统一的宪法范畴中调和特定的种族、宗教和文化差异。对这个问题的建议大致有两种,一种是要求捍卫公共领域的语言或文化的多样性;另一种要求承认源于不同群体经验的司法的多样性。

前一种建议是多元自由主义的普遍观点,值得讨论的是第二种建议,它不仅是一种新颖的提议,而且挑战了一般的法律体系。具体来说,它建议创造多重的司法层级来解决文化和宗教的冲突。以婚姻家庭关系为例,主要有以下做法[①]:1. 暂时的包容。可以在不同的生活阶段对国家和特定群体权威的司法进行划分。结婚可以由宗教认可,但离婚和分居只能由国家来规定。2. 双重体系。当事人保留诉诸世俗或宗教权威来裁决离婚和分居的选择权。3. 联合治理路径。例如,通过多元文化主义法庭,不同群体的成员可以借助翻译、理解和商定解决不同法律传统的争端,使相关的问题得到更好的澄清,使相关的解决方式更有针对性。

这种多重司法模式抓住了多元文化主义的难题,它把权威区分为习俗的权威和国家的司法权威,认为诸如婚姻可由持特定风俗的群体承认,但儿童抚养费、家庭财产分配只能由国家来规定。沿着这个思路可以在赋予女性和儿童完全的、平等的公民资格的同时,也承认了他们的亚群体的成员资格。在这里,司法权威不再是单一的固定不变的权威,而是一种更加流动的、动态的权力和司法观念,并且可以根据需要对司法体系做进一步的区分,以适应调节差异和矛盾的需要。

但是,在本哈比看来,这个模式也存在一些问题,其中最主要的是

[①] 参见 Ayelet Shachar, "The Puzzle of Interlocking Power Hierarchies: Sharing the Pieces of Jurisdictional Authority", in *Harvard Civil Rights—Civil Liberties Law Review*. 2000 (35), p.405.

司法制度的多元化可能会损害法治的核心品质,即法律面前人人平等。此外,这种模式可能会由于动态的、不可控的政治对话遮蔽法律的程序性特征。她没有提出解决前一个问题的方法,但她对政治对话进行了约束,主张政治对话应该遵循以下基本原则:1. 平等主义的互惠原则。在这里,文化、宗教、语言和其他少数者应该具有与多数者同等的公民、政治、经济和文化权利。2. 自愿的自我归属。任何个体不能自动地根据出生归属于某个文化、宗教或语言群体,个体的群体成员身份应该具有最大限度的自我归属和自我认同,当这种自我认同受到质疑时,国家不应该以牺牲个体为代价而拥有定义、控制群体和个体成员身份的权利。3. 退出和联合的自由。个体退出以前归属的群体的自由必须是无限制的,尽管这种退出可能伴随着失去某些特定的正式和非正式的特权。[①] 从根本上说,这些原则要求在保证司法权威的前提下,给予少数群体最大的选择自由,也就是说,政治对话必须是规范的协商式的。

然而,协商民主仍然受到各种批评,本哈比把这些批评总结为两种:一种是协商共识模式的认知和情感偏见,一种是协商政治的制度偏见。协商民主不像主流民主制度那样立足于利益群体的分化和合法竞争,它的意图是要恢复民主作为平等和自由的道德存在的公民之间的合作事业的意识。协商民主不仅承诺包容,而且承诺赋权,它坚持民主合法性只有通过所有受影响者的合意才能获得。至少在规范层面,规范的达成不能以牺牲最劣势和最不满的人为代价。然而,这些包容和赋权的规范条件既让协商民主有吸引力,也让它变得可疑。首先人们可以指出,现有的协商民主理论缺乏规范与经验之间的一致,它是否可以为人们分析和提取现存实践和制度的理性原则提供支撑仍然是不确定的。其次,协商规范模式假定人具有说理的动机和意愿,然而,现实中的人可能持有某些深层的认识和情感偏见,这些偏见可能会使一些"不受主流欢迎的"参与者无法表达他们的观点,或不愿意参与到民主协商的对话中。按照这种观点,1. 协商民主模式只能应对浅层次的差

---

① 参见 Seyla Benhabib, *The Claims of Culture: Equality and Diversity in the Global Era*. Princeton University Press, 2002, pp. 131–132.

异,无法真正包容深层的差异。只有人们进入谈话中,他们才会发现不同人的信念分歧到底有多深。更为糟糕的是,有些协商理论家还不能清楚地认识到问题的症结,往往假定分歧首先是由社会观点或社会立场的差异导致的,而没有认识到这些差异来自性别、种族、阶级、语言、性倾向等更深的层面。2. 基于"给出理由的公共本质"的协商模式可能会因为空洞的、无情感的言语规范而变得有偏见。3. 达到"理性共识"的条件,特别是哈贝马斯所主张的条件,把共识的门槛抬得过高,有些要求是不现实的,甚至是排斥性的。

作为对上述批判的回应,本哈比特别指出了协商民主理论应该注意的几个问题:第一,协商民主不能从一种单一的公共领域模式出发。公共领域应该是一种多元模式,它承认并支持公民社会的多种机构、联盟和运动。在社会学中,公共领域被视为多种联盟和组织形式通过一种匿名的公共商谈所产生的相互作用而形成的连锁机制。去中心化的公共领域由相互重叠的意见形成网络和联盟、决策实体所组成。在这些多样的、重叠的公共性网络中,不同的理性逻辑都可以得到发展。第二,协商民主不能假定政治和文化上处于边缘的群体代表了"理性的他者",是异质的物种。人类存在不同的叙事风格和说理传统,不能假定理性总是居于统治地位,也不能在理性和身体之间设置形而上学的二分法。第三,反对公共性的规制原则。因为公共性是确保行动的原则、法则或原因的可接受的规范要件,所以必须从所有受影响者的立场出发对它进行判断。参与公共领域意味着对立双方应该彼此负责,每个人都应该准备从相关他者的立场出发进行考虑。本哈比相信,上述几点完全可以使协商民主应对来自不同领域的挑战。当然,也存在一些通过协商难以达成的目标,比如所有参与者的共识。哈贝马斯在《合法性危机》(1975年)中也承认协商民主及其合法性话语理论对参与者之间的共识的要求过高。他希望"说理的力量"永远获胜。然而不管怎样,协商参与者可能出于不同的理由达成一致意见,但这些理由有一个共性,即它们都是"可识别的"、有一定依据的理由,这是协商对话的最起码的要求。政治话语是一种混合模式,它包含了普遍的正义

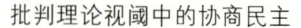

诉求、主体和群体相关的策略理由、文化领域的伦理考虑等。通常在民主话语的各种规范说理和论证之间也存在张力，解决这个问题的途径似乎只剩下不断地学习这一条了。

第四章
协商民主理论的实际运用

第一节　国际环保机制中的协商民主

　　与前几代理论家相比,崛起中的协商民主理论家更重视各种构想在现实中的运用,他们更倾向于把民主的探索当作一种合作机制。瓦尔特·巴伯和罗伯特·巴莱特从国际环境保护角度探讨了有利于变革的民主模式,他们指出,目前的国际法中的民主成分是不足的,尤其是环保方面的法律。他们选取环境问题作为切入点,是因为环境问题关系到全人类的共同利益,他们试图探讨一种通过协商民主推动国际环境保护的可行方法。在全球化时代,政治、道德和文化边界都变得不稳定了,环境保护也应该超越狭隘的国家,寻求更多的交流和合作,这是一种以社群为基础的解决方案,它需要行动者在基本问题上达成共识,只有这样才能穿透商业和政府的层层壁垒,所以它必须是民主的、广泛参与的。此外,环保的价值和民主在原则上是一致的。在现代社会,政治越来越围绕着风险调配进行组织。风险对象是无穷无尽的,政治动员的能力却是有限的,这会削弱社会经济结构的合法性。这种合法性危机只能由公众参与风险调配过程来化解。"协商民主特别适用于环保任务,因为它处在国家和公民社会的边界上,能够为环境和生态保护政策争取更多的公众支持,提高公共机构的行动能力。"[1]

现代性的一个基本要素是其现实主义。在认知基础方面,作为政治科学和国际关系术语的现实主义很少被置于广泛的背景下进行检视。国际关系的现实主义具有艺术、法律和哲学的现实主义的理论假设。在此意义上,可以说它在某种程度上是一种理论视角。把现实主义定义为一种视角就是说明它是处理现实的,它的支持者就是现实主义者。当国际关系的现实主义视角出现在"真实世界"的意见和意识形态的政治冲突中时,它就事先占领了所有语言学的制高点。即使它的推定的支持者也认为它是现实主义的,他们暗示所有其他视角都是非现实主义的、不是处理现实问题的,或者说至少是不那么现实的。在面对这种语言霸权时,任何可能的新的秩序,不管是激进的还是缓和的,都必须包含旧秩序的现实主义术语。不管是实质性的还是策略性的,国际环境法体系都必须建立在一种现实主义立场上,这也决定了它们必须依赖于现代科学的经验主义。然而,现代科学与环境保护在逻辑上是相背的。所有科学都把观测放在首要位置,而观测受到以往认知的限制,在观测之前人类就已经先入为主了。长期以来,人类首先想到的是保护自己的有限能力。科学归根到底是人类的,它永远不可能完全从环境、自然的立场上出发去思考。所以,包括环保问题在内的决策都应该是跨越学科的,环境科学应该与政治学协同合作。

在行动主体方面,对国际事务的"现实主义"分析强调国家是唯一的重要行动者。它们总是在追求自己的利益,民主话语似乎不能有效地运用于国际事务。"民主在国内取得了实质性成果,但在更宽的领域(在国内和国际问题的关系上)却很少取得这样的成果。"[2]就全球环境问题而言,质疑国际共识的可能性也有其合理之处,但反过来讲,国际共识的不确定性也为民主协商的介入提供了一块敲门砖。首先,早

---

[1] Walter F. Baber and Robert V. Bartlett, *Global Democracy and Sustainable Jurisprudence: Deliberative Environmental Law*, The MIT Press, 2009, p. 10.
[2] Bruce Ackerman and James Fishkin, "Deliberation Day", in J. Fishkin and P. Laslett (eds.), *Debating Deliberative Democracy*, Blackwell, 2003, p. 3.

期的民族国家的边界是以某种自然标志划分,这使人们在生态知识和社群团结基础上形成了真正的、有时是流动和间接的家乡意识,这方便了集体行动。在当代的全球化潮流中,国家被迫卷入一种零和游戏,即为了实现经济目的就必须以社会和政治目标为代价。许多国际经济行为都是不计环境代价的。许多环境问题都是源自经济贸易模式。然而,这不等于对环境问题的全球共识就没有希望了。越来越多的人意识到国家之间是相互依赖的,它们有共同的利益,这使它们有可能相互合作。所以,在全球化时代,政治、道德和文化边界是不稳定的。国家没有不变的特征,社群也依赖于历史叙事、习俗和制度结构来创造和强化一种共同身份意识。所有的环境动机都必须是民主的、参与的。其次,环境价值和民主在原则层面是结合在一起的,因为政治越来越围绕着危机展开。危机是众多的,所以政治动员的能力也应该与其相匹配,这在某种程度上破坏了社会—经济权力结构的合法性。在出现危机的领域中的公众参与可以说明合法性的危机,因此,生态危机与民主合法性危机是纠缠在一起的。环境保护的重要性是得到普遍认可的,但是要统一意见、协调异议却很复杂,这使得全球环境共识充满了不确定因素。人们要认识环境危机不能脱离大量的科学和技术信息。然而,目前的环保主义内部充满了矛盾,一方面它批评现代科学破坏了环境,另一方面又向后者寻求支持和解决措施。事实上,这种摇摆不定的态度仍然是缺乏民主的表现。

从地方到全球行动,介于国家和市民社会之间的协商民主是一种能够为更牢靠的生态政策提供更多公共支持的政治实践。国际层面的人口参与、环境知识构建、制度合适性比国内层面更尖锐。协商民主有助于应对这些挑战。国际环保法的知识基础必须是"民主化"的,它必须由政治过程中产生。国际环保协定需要通过围绕变换共识知识观念的持续妥协,作为有意义的规制过程得到维护。共识的重要性在于下述事实:根据国际环保主义协定的性质,它们在很大程度上是自我强制的。国家或亚国家层面的集体决策中的共识可能只是一种调整性规范或仅仅是一种愿望。但是当涉及国际层面时,共识就成为一种实践必需。国际层面的有效的环境立法只需要执行与民主政府相同的基本职能，如立法、行政和审判职能，而由环保主义者和草根组织推动的跨国机构的发展最终可以适应这些功能的要求。在巴伯和巴莱特看来，也许一种基于现实主义的协商模式更能够促进国际环境保护的发展。

　　普遍选举权不一定带来成功的民主，虽然它是民主的重要条件，但还是远远不够。代议制政府可能会创造一种民主的公共精神，但它无法"训练"这种精神。民主的关键问题在于教育。巴伯和巴莱特十分赞同杜威的这一论断。现代民主急需"提高辩论、讨论与说服的方式和条件……解放和完善"所得结论的"探究和传播过程"[①]。杜威把注意力集中在科学的合作和参与性上，而不是特定的方法论。对他来说，民主的教育不是让公众掌握研究的知识和技巧，而是要有能力判断别人在公共事务上所提供的知识。在这个基本原则上，杜威的实用主义与协商民主理论不谋而合，这为两者的结合提供了可能，其原因具体有以下三点（真理的融贯理论、反表现主义的语言观、反形式主义的法律路径）：第一，当代协商理论家承认一定水平的不可知论对人类事务是有益的。不管他们选择罗尔斯的无知之幕，还是哈贝马斯对理想对话情景的限制，他们都认为，真理观念是交流的产物，而不是交流的来源。哈贝马斯有时更是用"共识"来指称"真理"，此种意义上的真理不是人们的思想某种外部绝对的反映。第二，实用主义和协商民主在语言及其运用方面的观点相同。对于杜威等实用主义者而言，"公共活动不是纯粹的互动，它是一种解决问题的方式"[②]，人们的语言应用和表达的含义都是一个工具性问题。发现事实的含义是所有研究的目标。哈贝马斯对这一观点进一步发挥，认为人们对语言的运用显示出许多不同的意图。尽管人们想用语言向别人表达现实，但语言是意图的产物，而不是现实的特征。人们使用语言来构建人际关系的合法性，也向别人展示自己的主体性。这种被罗蒂称为反表现主义的语言的工具主义应用强调"语境重构"的持续过程，而不是要求它无限接近现实。最后，实用主义与协商民主对待法律及其目的的观点一致。实用主义认

[①] John Dewey, *The Public and Its Problems*, Swallow Press, 1954, p.208.
[②] Walter F. Baber and Robert V. Bartlett, *Global Democracy and Sustainable Jurisprudence: Deliberative Environmental Law*, The MIT Press, 2009, p.46.

为,当国家法律被当作命令时,它就会被误解。法律不是权威的产物,而是广泛分配的结果,它产生了共同的利益和特定行动者关心它的需要。正如霍布斯所言,法律不是一种正式的逻辑系统,而是我们共同经历的有机产物。哈贝马斯则认为法律既有事实特征,也有规范特征。协商的目的是实现更高水平的共识。但是在关于专家在协商民主中的作用方面,杜威与哈贝马斯的认识有偏差。哈贝马斯重视专家在公共领域的作用,而杜威在警惕由专家主导的民主可能会导致寡头政治。他认为,不管何种领域的专家都不可避免地脱离大众利益,而形成一个具有私人利益和知识的阶层,所以他们在宏观决策上的作用不能太大。但这不代表杜威支持反智主义,拒绝专家的参与。在协商民主中,专家不能设计和执行政策,他们的功能限于发现和提供决策所涉及的事实。

基于上述考虑,有三类群体在环境保护方面起到重要的作用:第一类是环保方面的专家,他们主要提供事实报告和法律咨询。1985年,世界环境与发展委员会设立了环境法专家团,负责为布鲁特兰委员会提供一份关于环境保护和可持续发展的法律原则的报告,同时提议加快国际环境法的发展。这个专家团由十个国家的律师组成。它的最终报告的某些条文是现有国际环境法律的反映。第二类是国际机构,典型例子是联合国安理会于1972年设立的联合国环境规划署(UNEP)。现在它发展成联合国框架内最具创新性的、在某种意义上也是最有效率的机构之一。起初,它是由许多组织构成的半自主团体,激励相关研究、促进环境信息收集和整理、设立出版和教育项目、赞助致力于成立其他环保组织和跨国环保协定的协商。它于1974年启动了控制地中海地区海洋污染的区域海洋计划。这个项目成了类似计划(波斯湾、西部和中部非洲海域、南太平洋和东亚海域)的模板,涵盖了140多个沿海国家。它也提出了1985年保护海洋环境免遭污染的蒙特利尔方针。虽然这个方针是非约束性的,体现了国际习惯法,但它的影响是深远的。它指出,国家有防止、减少、控制海洋环境污染的义务。它要求国家保证领土内的陆地污染不会污染海洋环境,禁止把环境污染从一个地区转移到另一地区、由一种污染类型转变成另一种类型。第三类是金融家。通常认为,金融专家对全球生态平衡产生了巨大威胁。关税与贸易总协定完全没有把环境考虑在内，致使环境与贸易的关系多年来被忽视。考虑到当今世界的自由贸易和私有资本的霸权特征，更有必要重新审视国际贸易组织和世界银行在环保方面的作用变化。环保主义者批评不断增长的贸易促进了没有环保措施的经济增长，结果导致污染、自然资源的消耗以及应对这些问题的监管主权的缺失。相反观点认为，经济发展可以促进人类的自由和获得重大的环境益处。主要的国际金融组织逐渐认识到环境和生态破坏会对经济的长远发展产生不利影响，它们也采取了一些举措。比如，世界银行在创建全球环境基金（GEF）方面起了领导作用。全球环境基金的主旨是支持发展中国家的、具对全球有好处的环保项目，包括臭氧保护、限制温室气体排放、保护生物多样性和保护海洋水质。许多发展中国家认为，全球环境基金太注重全球共用区了，忽略了对国家层面的可持续发展的支持。鉴于这些批评，全球环境基金于1972年的地球峰会上进行了重组，现在这个机构由32个成员组织，其中16个代表发展中国家。当达不成共识时，决策需要成员国和投票国的多数达到总数的60%才能通过。在这种新的结构下，全球环境基金在10年内向140个国家资助45亿美元，支持1300个项目。现在它成为世界可持续发展运动的关键一员。

在全球化时代，国家已经不能很好地应付环境保护中存在的诸多挑战了，多种民主力量的加入可能会带来某些转机。然而，尽管存在许多多边环保协定，全球环境状况却仍在恶化。造成这种局面的一个原因是利益群体在国内的游说成本要比在国际的游说成本高。这使得环保主义者在国家资本中处于劣势。科学进步、大众交流、经济整合、人口增长和流动都给跨越国家边界的基本生态责任施加压力。在这种背景下，多边环境协定不能保护环境，主要不是因为他们的签字方不遵守协定，而是因为始于包含弱义务的协议。进行谈判的国家首先考虑对主权的保护，而忽略了环境保护的坚实基础是责任明确。国际环境保护的最后落脚点是制定权责明确的国际法，并保证它能够以一种权威的方式解决环境争端。在这一方面，国家主权观念一直是国际法的一个障碍，也许真正有效的国际环境保护行动只能从改变民族国家内部的政治和司法传统开始了。

第二节 全球正义运动中的协商民主

除了巴里和巴莱特结合了实用主义与协商民主的国际环保外,还存在许多不同的民主实验。最引人注意的是在世纪之交发展起来的、吁求全球正义的社会运动,它推动了一种基于参与的协商模式。全球正义运动在1999年反对世贸组织(WTO)的西雅图动员中变得可见,在这场运动中,网络组织结构、多元认同和出现各种名目等情状与一种跨国维度纠缠在一起。新的交流技术(首当其冲的是互联网)不仅减省了动员的成本,使流动的、灵活的结构成为可能,而且促进了不同地区和运动之间的互惠合作。这种社会论坛试图为不同个体和群体的会聚创造一个开放空间。[①] 对协商民主的吁求和预想带来了一种与基于多数决定原则的正统代议制民主存在深层差异的民主愿景。这里检验民主品质的标准实际上是在对话的、开放的公共场所中阐述观念的可能性,在这些地方,公民在识别问题、提出可能的解决措施上起到积极作用。在反对危机(和应对它的无能、不公措施)的抗议中,抗议者开始在被占领的公共空间中构想基于参与和协商价值的民主观念。

讲台、论坛、联盟、网络都是共享知识的地方,有时可以达成相互理解。即使过分强调多元主义和差异,运动话语中的主导框架还是围绕全球正义和另一种民主诉求发展起来了。协商使个体脱离狭隘的个人利益,这样得出的方案就应该反映公众利益。在这个模式中,"政治辩论围绕着可选择的公共善的观念展开",总之,"它根据有利于公共善的公共构建的方式来勾勒身份和公民的利益"[②]。不过,当我考虑自己

[①] 参见 Donatella della Porta, *Social, Movements and Europeanization*. Palgrave, 2009, p. 3.

[②] J. Cohen, "Deliberation and Democratic Legitimacy", in A. Hamlin & P. Petti (eds.), *The Good Polity: Normative Analysis of the State*. Basil Blackwell, 1989, pp. 18–19.

的偏好足以提出某种建议时,多元主义条件下的协商需要我说服别人接受这个建议,而别人不会考虑到我自己的偏好是它成立的充分理由。向公众解释自己和自己的理由"迫使你只去宣示那些可能会被他人接受的理由"[1]。因此,协商民主是一条通过对话解决矛盾的途径:当公民或他们的代表在道德上有分歧时,他们应该继续进行论辩直到达成彼此都可以接受的决策。只要所有主体都能参与到真正的协商中,并就所争议的问题进行审慎思考、达成共识,那么这一决策就是合法的。协商(甚或交往)建立在以下信念的基础上:在不放弃自己的观点的同时,如果我倾听别人,我就有所收获。然而,达成共识的可能性不是百分之百的,但(关于价值、信念、偏好或话语的)不同形式的"元"共识可以确保协商场合的有效运作。协商民主模式确立了如下假设:当代(地方、国家和跨国层面的)民主需要把代表制与其他领域结合起来,因此它也被视作一种促进持批评立场的公民进入民主体制的渠道。"民主不只是清点人数而已,即便是协商的人数。它不应被限定在表层的国家或宪法的政治生活及其正式制度内。接受这一限定意味着接受一种可有可无的弱的民主观念。"[2]经济全球化和政治跨国化过程已经挑战了以民族国家内发展起来的代议制民主模式。然而,近来兴起的解决代议制民主缺陷的部分措施无法令人满意。专家统治的民主模式建立在共识目标(如经济发展)的假设上,这种共识是受专家或公共官僚主导所达成的,它被指控剥夺了公民的权利。媒体民主的合法性来自于大众传媒,它倾向于民粹主义的主张,因为媒体系统中的商业化和集中化形成了一股背离信息与批判辩论的趋势。在这种情况下,那些协商性的民主模式引起了学者和实践者的注意。针对这些对代议制民主的已知挑战,协商民主的优点在于包含了输入的合法性与输出的有效性:"公民参与决策过程使政策发展和运用合法化,这超越了它对

---

[1] R. E. Goodin, *Reflective Democracy*. Oxford University Press, 2003, p.63.
[2] J. S. Dryzek, *Foundations and Frontiers of Deliberative Governance*. Oxford University Press, 2010, p.40.

第四章 协商民主理论的实际运用

民主本身的实质贡献。"[1]对伯纳德·曼宁(Bernard Manin)而言,决策的合法性是协商民主理论的显著成果,反过来,合法性应该增进决策执行的功效,公民为程序带来了更多的信息,这也增强了它的功效。协商空间促进了公民的情报和决策能力,形成一个良性循环。

与之相对地,在新自由主义全球化中敌人也被确定了,它们不仅是国际金融机构(WB、IMF、WTO)的政策,而且也包括国家右翼政党甚或左翼政府的政治选择。这些行动者被认为应对不断增长的社会不正义及其对女性、环境和欠发达地区等产生的消极影响负责。除了社会不正义,另一个共同基础是寻求新型民主的元话语。基于选举问责的传统的民主合法性受到两方面的挑战:全球治理的发展,以及作为全球经济结果之一的国家干预的明显减弱。被当作运动诉求的敌对方的政党还被指责为一种有限的、排斥的政治(和民主)观念的载体。对政党的不信任反映出某些参与者的想法:"来自底层的政治"可以与那种认为政治是一种政党捍卫的专业活动的观念并驾齐驱。[2]

举例来说,2011年全球针对经济不公的人们发起了声势浩大的抗议运动。3月15日的一场游行之后,大约40个抗议者决定在西班牙马德里大广场的太阳门扎营并在互联网上召集支持者。这次抗议活动被称为"太阳门抗议"或"愤怒抗议"。5月20日,广场上已经聚集了3万人,更多的人则在网络上进行抗议;同时,这场运动大范围地蔓延开来,许多地方都受到它的冲击。作为事件参与者的社会学家约翰·伯斯蒂尔(John Postill)回忆道:营地迅速发展成通过民众集会和委员会进行管理的"城中城"。这些委员会是根据实际需要产生的,如烹饪、清洁、交流和执行行动。决策通过多数投票和"合意"达成。这个结构是横向的,它用轮流发言人代替了领导者。因此,成千上万的人进行了一次不同于政治代表的主导逻辑的参与式的、直接的和包容的民主试

---

[1] F. Fischer, "Citizens and Experts: Democratizing Policy Deliberation", in F. Fischer(ed.): *Reframing Public Policy: Discursive Politics and Deliberative Practices*. Oxford University Press, 2003, p. 205.

[2] 参见 Donatella della Porta and M. Diani, *Social Movements: An Introduction*. Blackwell, 2006, p.47.

验。这场新兴运动展示了乌托邦主义与实用主义的深层混合,并且列出了一系列具体要求,包括从选举名单上踢除腐败的官员、追求诸如"一切权力归人民"这样的革命目标。6月中旬,以合意为导向的集会决定从中心广场向邻近地区(贫民区)转移。随着参与者的流动,开辟新空间的重心从西班牙转移到希腊和美国。尤瑞斯(J. F. Juris)在描述"占领波士顿"时提到被占领的自由空间的某些战略性的培育和奠基作用:首先是吸引媒体的注意和鼓励参与;其次是"为草根的参与民主提供空间"[1];惯例和社区的建造、制定战略和行动计划、公共教育和构想体现运动愿景的世界;再次是团结与协作。他借用一位参与者的话,把这些称为"我们正在创造乌托邦的一角"。除了构想一个不同的社会外,参与者还注意到这些空间对通过所谓的"生成政治"(politics of becoming)来创造另一种未被预想的未来的重要性。事实上,这场运动的特征刺激了对另一种民主观念的探求。关于新的民主观念的讨论沿着两个主要维度展开。第一,强调平等包容的参与观念与那种基于权力授予代表的观念形成对比;第二个维度反过来涉及多数主义者的对抗协商愿景,分歧在于决策的方法不同。"共识方法"具体体现和规定了协商的形态,它更强调决策过程本身,而不是这个过程产生的结果。

在这场运动中,许多问题都通过有效的网络被添加到这些抗议中,新的交流技术(首当其冲的是互联网)不仅减省了动员的成本,使流动的、灵活的结构成为可能,而且促进了不同地区和运动之间的互惠合作。这种社会论坛试图为不同个体和群体的会聚创造一个开放空间。虽然以前的社会运动一般也具有一种网络结构,但是全球正义运动比以前的运动更强调它的网状特征,展现为"网络的网络"。实际上,它的参与者植根于一个相当密实的联结网络中:从天主教到生态主义联合、从社会志愿服务到贸易联盟、从捍卫人权到女性解放;通常是不同的联结类型相互重叠。因此举例来说,在2001年热那亚的"反G8"对

---

[1] J. F. Juris,"Reflections on Occupy Everywhere: Social Media, Public Spaces, and Emerging Logics of Aggregation", in *American Ethnologist*, 2012(2), p.268.

抗峰会上,97.6%接受采访的与会者至少是(或曾经是)一类组织的成员,80.9%至少是(或曾经是)两类组织的成员,61%至少是三类组织的成员,38.1%至少是四类组织的成员,22.8%至少是五类组织的成员,12.6%是六个或更多类组织的成员。[①] 2002年在佛罗里达举办的首届欧洲社会论坛(ESF)和2006年在雅典举办的第四届论坛所做的调查研究也得出了类似的结果。跨主题的与跨国的网络"在行动中"形成,同时抗议名目也得到扩展。自从20世纪90年代末以来,西雅图反WTO的示威游行燃起了围绕全球主题的新一轮"街头政治"。在对抗峰会召开期间,它经常号召进行大规模游行。对抗峰会被界定为这样的平台:在官方峰会期间有组织的国际层面的倡议,它从批判视角来审视前者的议题,通过抗议和与官方说法相关或不相关的信息来提高认识。

    网络的逻辑也有利于沟通各种议题。不同国家对不同运动的不同关注在一个漫长的动员过程中联合起来。活动者把全球正义运动的集会描绘成"直接民主的大规模的、明白透彻的操演"。因此,他们觉得自己是运动的一部分,因为他们使它产生、扩展、成长。当抗议运动蔓延至成千上万个城市时,抗议者的矛头不仅是金融危机,更是传统民主政府的失败,它辜负了民众的期望。全球正义运动从围绕"经纪人议题"的抗议运动中发展起来,这个问题是不同运动和组织的关注焦点。在瑞士,反对WTO的运动把寮屋居民、人权活动家和劳工联盟团结在一起。在法国,反对转基因食物的斗争联结了农民与生态学者,而在西班牙反马斯特里赫特的运动中,生态学者、和平主义者与批判联盟联系紧密。在英国,对抗刑事审判和《公共秩序法》是旅行者、寮屋居民、寻欢作乐者和环保人士进行互动的触媒[推动了反对码头工人遭遇解雇运动,甚至偶尔催化了"收复街头"(Reclaim the Street)的直接行动网络]。这些多样性都需要对抗的空间,在这里,不仅议题得到沟通,而且框架也被联结起来。对抗峰会和社会论坛对知识构建和交流至关重

---

① 参见 M. Andretta, D. della Porta, L. Mosca and H. Reiter, *Global*, *Noglobal*, *Newglobal*: *Le proteste di Genova contro il G*8. Laterza, 2002, p.184.

要。交流的意义进一步被它在对抗组织中的重要性(不仅通过网络,还有互相联系的主题——从版权到审查)所证实。反击专业知识的能力是许多更加正式化的团体,以及智库和同情抗议者的非主流媒体的重要特征。事实上,全球正义运动采取了使公共对其他价值和文化变得敏感的行动。所谓的运动路径可以促成网络协作,它预见了大范围组织和个体网络运用各种对抗形式和信息的效用,以此获得相对具体但具有象征意义的需求。运动的跨主题和跨国本质在其专注于某个单一主题(从女性到环境、从和平到艾滋病)的情境中构造了一种新颖性。在跨国抗议中,对环境、女性权利、和平和社会不平等的忧虑仍然是卷入全球动员的亚群体或网络特征。"运动中的运动"(movement of movements)的定义强调了特定诉求的存在,以及一种冲突对于另一种冲突的非从属性。阶级、性别、世代、种族和宗教等方面的基质的多样性导致了身份的明显复合。在不同的运动、对抗峰会和社会论坛中,各种文化断片——新旧世代的世俗的与宗教的、激进的与改革主义的——在更广的话语范围内交织在一起,这一话语把社会(和全球)不正义作为自己的黏合剂,同时为深入不同主题之间的讨论留下了大量空间。在跨国层面,地方与全球问题已经与平等、正义、人权和环境保护等价值相联系。

虽然全球正义运动推动了一种基于参与的协商模式,当20世纪60年代及以后几十年的左派自由主义运动继续强调参与时,社会运动的参与者也意识到实行直接民主的困难。一种"无结构的暴政"(tyranny of the structureless)所带来的危险实际上引发了关于对话质量与合意决策的持续关注。为此,黛拉·波尔塔在"欧洲民主与社会动员"(Demos)研究中,运用了一种横跨(根据赋权、包容和平等的程度的)参与和(涉及决策模型和交流质量的)协商维度的类型学,来评估人们对协商民主的态度。为了识别运动内外的民主愿景,她把它们压缩成四个内在民主的基本观念(或模型):社团模型、协商代表、集会模型和协商参与。在"社团模型"(associational model)中,由代表组成的集会——即使在那些由所有成员构成的、被确定为主要决策机构的集会中——要由一个执行委员会来管理日常政治;由多数投票进行决策。

第四章　协商民主理论的实际运用

当代表在共识的基础上进行表决时,就是"协商代表"(deliberative representation)。当不存在执行委员会、决策由一个包含所有成员的集会做出时,决策由多数人做出,这种模式就是"集会模型"(assembleary model);如果基于理性的共识和交流过程与参与同时被当作重要价值时,那就是"协商参与"(deliberative participation),具体见下表①:

		参与	
		高	低
共识	低	社团模型(%) 愿景:59.0 实践:35.6 规范:19.1	集会模型(%) 愿景:14.6 实践:2.5 规范:35.9
共识	高	协商代表(%) 愿景:15.6 实践:32.7 规范:8.2	协商参与(%) 愿景:10.8 实践:29.2 规范:36.7
愿景(212例),实践(184例),规范(1055例)。				

通过这个表可以看出,在抽样的212个组织中有半数支持内在决策的社团观念。所有样本的三分之一都属于共识原则与授权原则相混合的协商代表范畴。另外36%采用基于多数投票和授权的社团模型,大约30%结合了共识决策方法和参与原则(拒绝授权给执行委员会);样本组织中只有2.5%结合了参与原则与多数决策原则(集会模型)。受访者可能对强调共识这一点有不同的解释,但不管怎样,运动组织显得对共识规范推崇备至。参与和代表被认为是"另一种民主"的主要价值。较小规模、较少预算、无偿服务、更依赖集会的组织尤其关注共识。共识方法在较新的和跨国的组织中更为流行。在寻求共识与横向

---

① Donatella della Porta (ed.), *Another Europe*. Routledge, 2009, p.72.

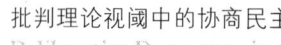

组织形式之间也存在某些一致性,如拒绝执行委员会、对集会的高度评价和对授权的明确批评等。在其他对民主的规范模型的分析中也得出了类似的结果。

在与全球正义运动相关的许多群体中,对共识决策(经常体现在组织原则中)的积极提及是非常有创新意义的。许多组织宣称它们想达成最大共识的决策,并尝试"一条支持参与、获得共识和达成广泛赞同的决策的组织路径"[1]。把共识方法当作一种促进交流的手段来强调,这与认为运动是为了构建公共对话空间的普遍观念是一致的。共识的目标是拓展辩论,不是通过限制空间,而是向所有批判导致剥削、压迫或排除的全球化的人开放。它们致力于建立一种反映社会和民间转型并为之奋斗的空间。这种共识方法的基本做法是,如果一项提议没有获得全体参与者的共识,那么就会进行进一步的讨论,以此与那些持异议者达成和解。如果后者不让步并且牵扯了相当数量的少数派,那么这项计划就不能通过。在这些积极尝试共识方法的群体中,发展出了促进横向交流和冲突管理的特定规则。共识工具包括"良好的引导、各种手势、激烈的争论和分成大小不等的群体。引导者应该在每次讨论之初对它们进行解释"[2]。为了把所有观点都纳入讨论中并落实有效交流的规则,从分配(有限)时间给每个发言者到保持建设性的氛围,这些事务都需要引导者或仲裁人。[3]然而,不同组织达成的共识也不一样。在一种通过高质量对话实现的多重的共识观念中,共识的主要作用被视作保障运动的单一的多重本质和成员对个体倡导者的需求。共识方法应该与实现社会变革的目标联系在一起,在可预见的组织生活中它们的含义和作用才能确定下来,这一目标的实现不仅需要政治决策,而且需要日常生活和个体态度的深层转变。

---

[1] 参见 Torino Social Forum, *Proposta di struttura organizzativa*. www.lacaverna.it, 2008 – 12 – 11.

[2] 参见 Dissent! A Network of Resistance against the G8, *Introduction to the Dissent! Network*. www.dissent.org.uk, 2008 – 12 – 11.

[3] Donatella della Porta and H. Reiter, *Organizational Structures and Practices of Democracy in the Global Justice Movement*. WP4 Report, Democracy in Movement and the Mobilization of the Society – DEMOS, European Commission, 2006.

第三节　作为管理机制的协商民主

在新的世纪里,欧洲公共机构承认有必要通过引入公民参与协商的新手段来改革现存的民主实践。不只是它们:地方、区域和国家政府也试图革新民主程序,以应对传统民主形式的明显衰退和对代议制机构的信任下降。正如罗素·道尔顿(Russell Dalton)所说,"公众的民主预期的重点在于超越传统代议制民主的改革上。更强大的政党、更公平的选举、更多代表权的选举系统将推动民主的进程,但这些改革不能满足把民主过程扩大到足以为公民参与和控制提供新机会的期望"[①]。革新应该为公民提供通过各种方式参与各个层面的可能性。在寻找合法性的补允来源,以应对弱的选举责任和"由产出所提供的合法性"的侵蚀的挑战的过程中,公共机构越来越多地讨论公民参与决策的各种形式。在新世纪之初,由欧共体委员会发布的《欧盟治理白皮书》(2001年)把依靠向公民公开咨议的参与原则及他们的社团当作欧盟治理的基本支柱之一。在关于"欧洲未来"讨论的背景下,欧共体敦促确定建设性地控制由更积极地把欧洲公民纳入决策所带来的变化的方法。建立基本人权宪章协定公约的经验为公民社会更好地参与到欧盟中提供了许多范例。在国家层面,特别是在地方层面,对公共政策中共同管理的研究表明,如果在范畴上没有变化,那么至少在以结合不同观点的方式利用不同合法性基础的实验中有了某种变化。在民治框架内,公共决策中的协商和参与民主实验已经成为促进公民参与的途径,它能够创造高质量的交流场域并为公民赋权。采取的方法是多种多样的。大卫·尚德(David Shand)和莫顿·安伯格(Morten Arnberg)提出了一种从最小参与到由常规公投控制的共同体的参与连续体,其中间步骤包括咨议、合作和委托。同样地,派翠克·毕夏普(Patrick Bishop)

[①] Russell Dalton, *Democratic Challenger, Democratic Choices: The Erosion of Political Support in Advanced Industrial Democracies*. Oxford University Press, 2004, p.204.

和格林·戴维斯(Glyn Davis)区分了咨议、合作和控制。咨议实践包括关键的契约调查、利益群体会谈、公共会谈、讨论稿、听证会;合作包括咨询理事会、公民咨询委员会、政策社区论坛、公众质询;控制包括公投、共同体议会和电子表决。

在这一套完整的制度实验中,格兰汉姆·史密斯(Graham Smith)区分了两种主要的制度惯例:一种是倾向于构建"微型公众"的集会惯例,另一种是抽签选择的惯例。就集会惯例而言,近邻集会、主题集会、近邻商议会、咨议委员会和策略参与计划等参与民主机制成为大部分民主国家的地方治理的一部分。此外,允许用户代表经常进入管理学校或其他公共服务的机构中,它们有时甚至为公民团体所把持。先前提到过的阿雷格里港的参与性预算引起了对参与制度层面的特殊兴趣。在一个持续时间很长的实验中,参与性预算需要一个精巧的、复杂的结构,以实现两个主要目标:社会平等和公民赋权。公共资金分配中的一个基本标准实际上是不同地区的服务和福利的私有化水平。组织过程要控制集会的限度,特别是在影响他们决定的障碍方面,没有抛弃直接民主的优势。联合国认可了参与性预算的成功,并把它当作全球层面上的四个"最佳范例"之一。对"微型公众"模式来说,从20世纪60年代初起,在美国的公民陪审团中就把抽签作为一种选取代表的民主方法:从人口登记中抽取的一小群公民聚集到一起发表他们对某些决定的看法。同样地,在丹麦,从20世纪80年代起,"共识会议"(consensus conference,它是由随机选取的公民组成的)就用来讨论有争议的问题,包括那些含有高度技术性内容的问题,在法国承担这一功能的是"公民会议"(Conférences des citoyens),德国是"Planungszellen"。与此类似的是"协商测验"(deliberative poll)模式,它预知被选公民之间的活跃协商可以反映出人口中的某些社会特征。当传统调查依循个人偏好聚合的逻辑时,包含数百人的协商测验的目标是在公民有可能研究和讨论特定主题时发现民意是怎样的。两种实验类型在国家层面尤其是地方层面增多起来。尽管参与或协商决策过程仍然是一种例外,而不是规则,它们被越来越多地采用。① 因此,"交互政策制定"(Interactive policy - making)得到发展,它被定义为"政府、公民社会中的团体和个体公民之间,包含咨议、商谈或协商的政治实践"②。

关于将政策制定扩展至公民参与的尝试的研究,通常把注意力集中在解决问题的方法的能力上,这些问题是由反对不得人心地使用当地土地的地方抗议引起的。有些实践致力于在所有受潜在影响的群体有参与协商过程的平等机会,有提出论题、规划解决措施或批判地讨论"不言自明"的路径的平等权利的意义上,实现高质量的协商。这些制度实验满足了这些高期望了吗?如博曼注意到"协商民主的个案实证研究的一个惊人缺陷"③,他强调"经验研究是对民主协商的先验怀疑论和未经检验的唯心论的纠正"④,不管怎样,经验研究在随后几年里迅速增多。当经验研究增多时,它们得出的结果并非一致。协商民主的理论家意识到应用规范理想的困难,于是变成了制度设计者、各种民主实验的推动者和实施者。包括社会运动在内的各种行为者对这些实验的立场也是模棱两可的。具体而言,虽然社会运动认同这些制度实验践行的价值,但它们经常批评"自上而下"实验的结果只是公民参与的象征性代表,是对一种复兴的、精巧的共识策略的回应。新的民主实验似乎存在于一种制度真空中,没有明确的规则。矛盾的研究结果和关于实验的政治态度也许与"参与"、"协商"、"赋权"等术语的"概念滥用",以及催生它们的不同制度设计和政治过程有关。

就参与而言,主要是真正的参与机会问题,特别是较穷地区和群体的参与机会。如前所述,一个好的协商需要包容性。如果规范理论家

---

① 参见 V. Lowndes, L. Pratchett and G. Stoker, "Trends in Public Participation: Local Government Perspectives", in *Public Administration*. 2001(1), pp. 202 - 222.

② T. Akkerman, M. Hajer and J. Grin, "The Interactive State: Democratization from Above?", in *Political Studies*. 2004(52), p.83.

③ James Bohman, "The Coming Age of Deliberative Democracy", in *Journal of Political Philosophy*. 1998(4), p.419.

④ James Bohman, "The Coming Age of Deliberative Democracy", in *Journal of Political Philosophy*. 1998(4), p.22.

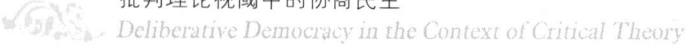

强调参与的优点,那么经验研究却揭示了这些制度实验在公民参与方面的困境。例如,根据一项针对试图在地方和国家社群中推进更好的公共协商的 16 个组织的调查,"参与跟教育水平、最终与社会经济地位的指标密切相关。鉴于这些组织的选择技巧(口头宣传、方便在图书馆或市政厅等公共场所集会、在当地媒体上发广告),它们似乎没有向这个高度参与性的人口基数之外扩展多少"①。结果产生了制度的合法性问题,风险不仅来自低参与,而且来自其他政治参与形式中出现的社会不平等的再生产。然而,对不同参与形式的研究表明,除了特别贫困的群体以外,参与者的社会分布是广泛的、混杂的。就参与的层次和质量而言,实验的特征根据维度的不同而存在差异:"参与受议程中的政策问题、可利用的技术和资源、关于议题重要性的政治判断和公共参与的需要所决定。"②

一般而言,集会模式支持最大化的参与。例如,巴西阿雷格里港的参与性预算的参与者每年多达 5 万人,它将工作组、各种政策主题领域的集会和大都市的分区联结在一起。各种规则的目标是增强积极参与,其中一条是发言必须遵循严格平等的顺序,还有代表选举要与公共集会的参加者数量成比例、主要集会的固定的年度议程。参与性预算模式实际上强调所有受到特定决策影响的公民的参与。公民被调动起来,"因为越多的人参会,他们越能够赢得优先投票权,以决定哪些社区先受惠"③。管理部门还通过多种方式激励参与。例如,它从社区运动中雇用活动者和潜在的组织者,协助过程的组织;此外,城市管理者走访那些参与度低的社区。在印度孟加拉邦、喀拉拉邦的类似实验中,更贫穷的人、教育程度较低的公民和女性的参与度比率大幅提高。相比之下,对协商测验这类机制而言,包容性关涉广泛代表陪审团选择的

---

① D. M. Ryfe, "The Practice of Deliberative Democracy: A Study of 16 Deliberative Organizations", in *Political Communication*. 2002(3), p.365.

② P. Bishop and G. Davis, "Mapping Public Participation in Policy Choice", in *Australian Journal of Public Administration*. 2002(1), p.21.

③ R. N. Abers, "Reflections on What Makes Empowered Participatory Governance Happen", in A. Fung and E. Olin Wright (eds.), *Deepening Democracy: Institutional Innovations in Empowered Participatory Governance*. Verso, 2003, p.206.

理想:能够调动广泛的经验和背景。在这些案例中,人数一直很少,受邀的参与者是随机选择的。事实上,它更看重公民如何在允许活跃讨论的情况下做决定,而不是提高这些特定公民的民主能力。"协商测验不像任何测验或以前进行过的任何调查。普通测验会模拟公众当下思考的事,即使公众不会考虑得太多或特别在意。协商测验试图模拟公众会思考的事,它有更好的条件来考虑讨论中的问题"[1]。

对"协商"而言,过程的话语质量受到信息传播和论证的多重性的影响。政治理论家把协商定义为一种特定的决策手段,它可以引导参与者通过高质量的辩论趋向共同的利益。参与过程中的个人参与可以从根本上改变一个人的态度、看法和价值排序。协商民主不是偏好的聚合或筛选,而是通过讨论中产生的偏好转变向前推进。可以说参与变成了一个"民主学校":越多的公民参与到决策过程中,他们越能得到启发和鼓舞。即使公民陪审团中的参与也可以促进公民参与。另外,话语质量不是通过参与自动得到提高的:研究特别强调了参与者和话语质量的某种平衡。对于公民陪审团等微型公众而言,话语质量与公民在论坛上知悉的信息范围、他们询问证人的机会、他们思考不同背景的同胞的经验和观点的能力、能够在参与者之间培育起来的坚定期望和信任关系有关。这里的协商其实被定义为始终看重相互讨论中的竞争性论辩的价值。因此,微型公众应该说明"公众在良好的条件下是怎么想的"[2]。值得注意的是,就公民陪审团而言,"尽管这种论坛只能通过抽样程序接近包容和表达平等的理想,但它们的确促进了活跃的和民主的协商能够产生和从社会的一个剖面直接纳入公民的条件。要求民主协商的转变和教育力量的理论主张正在得到经验的支持"[3]。普通公民的在场能够保证思想开放和论辩得到一贯重视的更好机会。协商质量对集会形式来说是较为次要的。有学者就参与性预算表达了

---

[1] J. Fishkin, *The Voice of the People*. Duke University Press, 1997, p. 162.

[2] J. Fishkin, *When the People Speak: Deliberative Democracy and Public Consultation*. Oxford University Press, 2009, p. 83.

[3] G. Smith, "Taking Deliberation Seriously: Institutional Design and Green Politics", in *Environmental Politics*. 2001(3), p. 82.

怀疑,即使"协商在一段时间后会变得越来越普通,因为参与者获得了公共辩论的经验","发展了自己论证和推理的能力","纯粹的协商过程一直在参与式论坛中存在"[①]。事实上,只有在第二步骤中参与式论坛的协商维度才出现,并把这种论坛转变成公民学习空间。一般认为交往的质量受到场所大小的消极影响。一般来说,决策场所越大,实际协商的任务越艰巨:"参与者超出一定量(小于20),'演讲取代了交谈、修辞感染力取代了理性论证',协商就会崩溃"[②]。然而,社群对话之类的实验仍在努力把包含大规模参与者和通过多步骤过程的话语质量结合起来:"对话依议程设定、策略发展和决策进行。议程设定环节让社群确定对话的范围和术语。策略发展要求公民确定有希望的选择,决策要求公民选择优先的行动方向。"[③]

对于"赋权"而言,协商民主实验依据多少决策力量被给予新场所而存在差别。赋权的层次与协商场域在决策中占据的特定地位相关。相关经验案例的研究强调,这些制度实验所获得权力层次一般都很低。事实上,仍然不明确协商安排怎样与那些按照地域标准组织代表的正式机构产生联系的,以及"协商程序本身如何在次级协会和更加正式的政治机构中运作的"[④]。"微型公众"通过抽签讨论相关事宜的权力只停留在一般的"道德劝告"层面上。正如它的发起人所言,"协商测验并不意味着描述或预测民意,而是规定民意。它有劝告性的建议力量:只有人们更好地了解议题的相关情况、有机会和动力认真检视这些议题,他们才会得出结论"[⑤]。在集会性实验中反而可以发现更高层次的赋权。具体而言,阿雷格里港的参与性预算管理着多达20%的年度

[①] R. N. Abers, "Reflections on What Makes Empowered Participatory Governance Happen", in A. Fung and E. Olin Wright (eds.), *Deepening Democracy: Institutional Innovations in Empowered Participatory Governance*. Verso, 2003, p. 206.

[②] J. Parkinson, "Legitimacy Problems in Deliberative Democracy", in *Political Studies*. 2003(1), p. 181.

[③] E. C. Weeks, "The Practice of Deliberative Democracy: Results from Four Large-scale Trials", in *Public Administration Review*. 2000(4), p. 362.

[④] J. Johnson, "Arguing for Deliberation: Some Skeptical Considerations", in J. Elster(ed.): *Deliberative Democracy*. Cambridge University Press, 1998, pp. 175–176.

[⑤] J. Fishkin, *The Voice of the People*. Duke University Press, 1997, p. 162.

预算,能够积极回应大约三分之一的公民诉求。另一个核心问题涉及被赋权的公民类型。这些民主实验在不同利益之间不平等分配资源(财富、社会声望、配额、聚合能力)导致了政治不平等,这个危险很早以前就显露出来了。换言之,那些进一步被"赋权"的人也许是那些已经享有权力的人。没有了政党的过滤器,最好组织起来的游说压力更有机会获胜,公共行动也会远离公共善的追求。把决策权力转化成持不同利益的人之间的自由磋商使公共职能弱化,事实上这使个别的和组织中资源最富有的人获益,使最贫穷的人失利。直接参与试图把征集意见的渠道合法化,而那些有价值的决定由更加有限的群体做出。此外,参与经常不仅是受限的,而且是不平等的,议程也被受过良好教育的人和富有的人控制着。如果这些新场域真能履行一项功能,那么这项功能就是使决策过程变得更加透明。然而,有必要确定它们没有变成实际上在其他地方做出的决定的掩饰物。为了避免最强群体的操控,首先需要鼓励那些在集体组织中遭遇最大困境的群体的参与。在这种情况下,决策过程中的协商民主应该确保为拥有更少物质资源的公民赋权的能力。

协商民主不仅是一项政治设计,而且是一种经济管理机制。经济领域中的协商民主主要包括企业内部的民主管理和企业外部的民主协商。企业中的民主管理应该采取股东、工人、经营者多方协商的模式,这一模式不仅可以提高生产效率,而且可以做出最优的决策。企业外部的协商民主应该能够提供公平、公正的决策程序;协商过程要公开、透明,要引入中立方的监督,甚至由中立方选派代表组成委员会,在充分听取双方辩论和论证的基础上提出可行性方案。

1. 企业中的民主管理。有学者提出,企业的民主管理和决策涉及到企业所有权问题。企业所有权是"企业剩余索取权和控制权"的一个简化说法,"剩余索取权(residual claimancy)是相对于合同收益权而言的,指的是对企业收入在扣除所有固定的合同支付(如原材料成本、固定工资、利息等)的余额('利润')的要求权。剩余控制权(residual

rights of control)指的是在契约中没有特别规定的活动的决策权"[①]。剩余索取权主要表现为在收益分配优先序列上"最后的索取者",控制权主要表现为拥有契约中没有说明的事情的决策权或决定谁拥有这种决策权的权力。在现代企业管理中,存在剩余索取权和控制权的对应关系,也就是剩余索取者掌握剩余控制权。当一个企业是股份制公司时,它的剩余索取者是股东,他们承担着边际上的风险,最有积极性作出最好的决策,因而公司的决策权也掌握在股东手里。这种情况也适用于非公司的合伙企业。按照这一逻辑,工人的工资由劳动合同确定,他们的利益不受剩余利润多少的影响,也没有剩余利润的要求权,因此当企业正常运行时就没有对经营者行为的控制权。但是,当企业亏损不足于支付合同工资时,工人的利益受到损害,这时他们就可以参与到企业的管理决策中来。据此,当企业正常运行时,协商的主体仅限于股东;当企业亏损时,协商才可以对工人和债权人开放。

上述观点有一个核心假设,即在企业正常运行时,工人与企业的利益不相干。然而,这一假设在现实中不能成立。工人的劳动积极性直接影响企业的利润水平,为了提高工人的效率和积极性,许多企业都让工人有机会分享剩余利润,它们以福利、股份等形式分配给工人。工人与企业的利益息息相关,在企业决策中就应当具有控制权。反过来,具有剩余控制权和决策权的工人可以在生产中主动降低成本、提高效率。例如,德国有强大的工会组织,工人在企业中有很多讨价还价的砝码,他们人均收入很高,在生产中有很强的自主性。他们把享受当作第一位,把工作视作享受的一部分,而不是负担和累赘。在这种轻松愉快的氛围中,德国工人把生产当作体现个人能力和价值的手段,这大大提高了商品生产的速度和质量。一个在世界上拥有无数分销商的德国企业,它的制造厂工人可能不足千人,甚至不足百人,它的业绩主要来自于高效的劳动。西门子公司就受益于这种先进的管理理念。它成立于1847年,经过160多年的发展,成为一家产品销售到190个国家的国际知名公司。这与其注重公司治理密不可分。它的治理结构是一个双

[①] 刘军宁等编:《经济民主与经济自由》,三联书店1997年版,第8页。

层委员会制度:监事会+管理委员会体系。近年来,它不断加大管理委员会的权重,提高针对工人的股权激励水平。治理的效果体现在越来越好的公司绩效上,1998—2008年西门子实现了很高的发展速度,创出了很高业绩水平。在现代市场经济体制中,产品和服务的质量越来越大地影响着企业的成败,工人作为商品的直接生产者和服务的直接提供者,其能力和态度的重要性日益凸现。把工人纳入到企业管理和决策中,不仅可以调动他们的积极性,而且可以让他们充分了解企业文化和发展战略,并把这些理念应用于实际的生产中。经营者可以通过工人的反映合理评估企业投资和规划的可行性,及时调整生产计划。因此,合理的企业治理应该是一种充分调动各方积极性的管理体制,它的决策程序必然是一种包含股东、工人和经营者在内的多方协商模式,这样产生的决策将最有利于企业的发展。

2. 企业外部的协商民主。企业外部的协商民主主要指经营者、消费者和相关部门围绕商品价格展开的协商和对话,它多采取听证会的形式。听证会由消费者、经营者、其他利益相关人、相关领域的专家和学者等组成。一般情况下,价格听证是由生产成本的变动引起的。听证会作为法庭审理的一个变种,基于上面提到的理由应该引入中立方的监督,甚至由中立方主持。以公共交通费的定价为例,一般城市公共交通价格听证会多是围绕调价展开的,调价方案主要有高峰涨价、普遍调价、分段计价等。我们可以进行一场"思想实验",设想一下价格听证会的情况,通过这种方式,发现企业外部的协商民主需要改进和完善的地方。相关部门将针对是否进行地铁调价举行听证会,调价的主因是运营成本上升。经营者提出了如下方案:在高峰时段提高地铁票价;分程计价,起始票价×元,××公里以后每增加一公里多收×元。在听证过程中,经营者和消费者分别提出以下理由论证自己的观点:

一方面,经营者支持调价。它的理由是:第一,由于运营成本上升,政府补贴力度也要相应加大,这必然会降低政府对其他公共事业的补贴。第二,高峰涨价和分段计价使一部分人出行时换乘其他交通工具,可以缓解地铁的载客压力,提高地铁运行的安全系数。第三,其他具有地铁运营能力的城市都在实行高峰涨价、分段计价措施。

另一方面,消费者内部分为三种观点:一种支持调价,另一种反对调价,还有一种抱无所谓的态度。支持调价的人主要出于乘车的舒适度和安全度的考虑。反对调价的人认为,第一,地铁提价无疑会增加乘客的生活成本,乘坐地铁的人以工薪阶层为主,尤其对于住所距工作单位很远、没有其他交通工具可供选择的人来说,调价后票价是一个不小的负担,例如,某城市单程最远距离是 12 元,本城市最远距离是 4 元,如果本城市提高价格至 12 元,那么出行成本将增加 3 倍,这个数目对低收入群体而言是难以接受的。第二,即使高峰涨价也无法缓解乘车压力。在交通拥堵的大城市,只要地铁票价不高于出租车费,那么它仍然是赶时间的上班族的首选交通工具。例如,某城市即使实行分段计价等措施,地铁的上客率仍然很高。因此,高峰涨价意义不大。第三,其他城市的经验不一定适用于本城市。

双方会为自己的观点提出相应的数据,因此都存在一定的合理性,那么怎样才能做出公平、公正的决策呢?价格听证会不能用投票的方式来决策,它最好的选择是采用协商民主的方式。协商民主是根据理性对话和论据作出决策的,至于哪一方的论证更有说服力,应该由中立方做出判断。如果确定调价,双方还可以在协商过程中探讨关于弱势群体的保护问题,制定最为公众所接受的方案。为了保证听证会的客观、公正,真正发挥其效力,应该健全和完善它的监督机制,否则会使听证会失去价值和意义。据《经济观察网》报道,"2010 年 9 月 28 日,在深圳市发改委举行的深圳市城市轨道交通票价听证会上,听证会消费者代表几乎一边倒地认为深圳地铁票价为'中国之最'",应予以降低,"然而,深圳市有关部门在听证会之后仍然按照既有的思路制定地铁票价"。[①] 关于这一点,可以借鉴"自己不做自己案件的法官"以及利益相关人应当回避的审判原则。如果利益相关人作为仲裁人出庭,即使他不会偏袒任何一方,也会使整个庭审的公正性受到质疑。同样地,为了避免产生这样的质疑,听证会也应该由中立方组成代表委员会,对协商和决议过程进行监督。这个委员会的成员由相关领域的专家、学者、

---

① 参见 http://m.eeo.com.cn/2011/0517/201492.shtml.

没有利害关系的社会人士(如平时不乘坐地铁的人)选派代表组成。他们有权听取协商各方的辩论、考量相关证据、提出可行性方案。如有必要,可以举行第二次听证会,重新选派代表组成新的委员会。通过上述分析可以看出,具备完善监督机制的协商民主可以确保听证会的公正性和合理性,并使之成为一种成熟的制度。关于这项制度的相关细节,还需要在现实的运作中具体探讨。

事实上,协商民主作为一种沟通手段,可以应用于生活的方方面面。所有领域的协商民主都是在对话和沟通的过程中达成合意、制定决策,因此它具有很强的话语性。协商民主应该充分考虑话语的特点,避免由概念不清、语境不同造成的误解,有效进行民主决策。

哈贝马斯从自身经历中总结出,表达是否清楚在很大程度上影响了人与人的交流,如果发言者发音不准确会阻碍听者对他的进一步了解,这可能对双方来说都是一种损失,因为交流的确切含义不是听懂对方的语言,而是正确理解对方的意思。一个词可以有不同的含义,当言说这个词时,到底指哪种含义呢?交流不仅要用共同语言,更重要的是要有双方都能"听得懂"的语言。对话语的不同理解是造成误解的根源,蒋勋把这种现象称为"语言孤独"。他认为,比起那些说共同语言的人,听不懂对方语言的人反而相处得更好。他举了一个他在法国读书时遇到的例子,他的房东妈妈是一个宁波老太太,有一次跟一个法国人在说话,语速很快。可是仔细一听,原来她说的不是法文,而是宁波话。宁波老太太说宁波话,法国老太太说法文,两个人说了很久,没有任何冲突,没有任何误会,因为她们没有机会误会。[①]

这个例子说明:第一,那些听得懂每个字的对话中多了批判、攻讦和争吵,其根源在于对某些字所代表的确切含义产生误解。第二,虽然两个老太太不会发生冲突,但她们在思想沟通上不会有任何进展;虽然她们能够和谐相处,但她们只是回避了问题,而没有解决问题。这意味着协商所用的语言与日常生活语言是有区别的。协商民主是为了解决问题,而不是营造所谓的"和平"氛围。为了消除因为语言理解偏差造

---

① 蒋勋:《孤独六讲》,广西师范大学出版社2009年版,第67—68页。

成的误会,在进行协商之前应该首先澄清概念,阐明与议题相关的术语、关键词,如在地铁调价听证中,应该明确"成本""高峰""分段"的具体含义:运营成本包括哪些内容?"高峰"的参照系是什么?达到什么数量算"高峰"?高峰涨价是指工作日上班高峰,还是指包括节假日在内的人流密集的情况?分段计价的一公里是两地之间的直接距离还是地铁所经路线的实际距离?对这些问题的回答不仅可以使协商参与者了解调价方案的明确含义,避免日后由于误解产生的纠纷,而且可以使议题细化,让协商参与者能够在深层次上进行对话。

除了术语概念的明确之外,还应该尽量使用含义明确的称谓,避免有歧视性、侮辱性或其他容易产生歧义的语言,尤其是在多元社会中;否则会产生不必要的抵触情绪,导致协商民主达不到应有的效果。协商民主的话语构成要素之一是"致意"(greeting),也就是协商过程参与者表达对各方的尊重和关注,这时应该使用所有参与者公认的言辞。如"伙计"在北方部分地区是男性间的亲昵称呼,但在有些地方则指店员;还有小姐、剩女、黑人等容易引起反感的称呼,所以应该避免使用诸如此类的词语,而是用女士、先生、非洲裔人士等代替。这样可以消除不必要的纷争,保证各方在友好、尊重的氛围中达成合意。

协商还需要在一些根本原则的指导下才有成效,因为共同的语境是有效对话的最基本的要求。比如,在企业管理中,只有协商各方都认同"人是目的,而不是工具"这一原则时,劳动者的人身安全和健康福祉才能被充分考虑。这需要参与者必须共享一定的背景知识或者他们的知识结构必须是开放的,因为人们用话语表达自身的独特经验,只有具备共同或开放的知识结构的人才可以理解这些话语背后的隐含意思,才能够设身处地地为话语者考虑,提出建设性的方案。

在制定反家庭暴力法律的协商会议中,总会遇到如何协调公共与私人、情感与法律之间关系的问题。家庭暴力发生在关系亲密的人之间,受害人对施暴者的情绪是复杂的,一般人认为,他们既希望公权力有效制止侵害行为的发生,又希望不要对施暴者做出过于严厉的处罚。但如果惩罚达不到威慑的效果,那么惩罚就会失去意义,公权力介入家暴的方式只能停留在劝说、教育的层面上。由此可见,家庭暴力惩处难主要是受害者的态度造成的,他们面对暴力十分被动,经常忍气吞声;持这种观点的人经常引用的例证是受害者的下面这类自我陈述。对河北省某一村庄的调查中,一些女性讲述了自己的经历:"现在没有(家庭暴力)了。以前有。现在老了,不能说了。给他记着呢,打过俺七回,一点儿屁大的事,摁住就打。那时和老人一起住,他要面子,光打我。婆婆不劝架,有时候还帮着他打俺。现在不提了,都过了二十年了。""挨过打。他也嫌我笨。俺要是灵,还能跟他啊!""有过,那时候可不少。有几年我有病(间歇性精神分裂),各处去治病,花了不少钱,治不好。那时候的事我都不知道,病好的时候,看到自己胳膊上有伤,问他是怎么回事,他说我是自己摔的。后来大儿子说是爸爸给打的。我那时候病得厉害,他骑车子驮着我上公社医院去看病,我在车子后面坐着唱戏,一唱一路,让人们谁见了谁笑。他又恼又难受。……他等我回家把我打了一顿,还让孩子以后不能跟着我出来丢人。这样事,也不能怪人家。他也没法。我病起来就像小孩,不知道能折腾出嘛(什么)事。我犯一回病,他就打我一顿。打吧,反正咱那时候也不知道疼。"①

这些陈述表面看来似乎透露着受害人对家庭暴力的宽容或默认,但不能据此得出结论,家庭暴力不是犯罪,不需要对施暴者进行民事或刑事处罚,不需要制定反家暴的专门法律。如果设身处地地为受害人考虑,就会发现她们一般在家庭关系中处于弱势地位,没有勇气脱离与施暴者的关系,有时还需要依靠施暴者生存或进行社会活动,如果施暴者坐牢或被罚款,受害者的利益也会间接受到损害。她们对暴力的"宽容"并不意味着她们能够认同这种交往模式,而是出于无奈,长此以往就会形成屈从心理,忍受到一定限度会做出过激反应,甚至导致"受虐妇女综合征"(Battered Woman Syndrome),这"可以解释受虐妇女因为长期遭受丈夫或同居男友的暴力侵害,在心理上产生一种无法摆脱施暴者的无助感,以及她们对施暴者的暴力行为或暴力威胁作出

---

① 李银河:《后村的女人们——农村性别权力关系》,内蒙古大学出版社2009年版,第229—232页。

的过激反应的合理性"①。在协商过程中,有学者提出解决这一困境的根本途径是建立家庭暴力受害人的庇护和补偿机制。为那些无家可归的受害者提供暂时的庇护所,负担她们的生活费和医疗费,直至帮她们找到固定的住处或工作;针对婚内损害赔偿无法操作的问题,可以实行分别财产制或婚姻关系终止赔偿兑现制,这样使她们的生活在公权力介入后不会受到太大影响,她们的顾虑就会减少,面对暴力就会采取更加积极的行动保护自己,司法取证难的困境也会相应解决。

除了肢体暴力外,还存在一种所谓的"冷暴力"。一般情况下,如果两个人从来不吵架往往被认为是感情好的表现,不会跟暴力扯上边。当亲密关系中发生纠纷时,一方总是保持沉默,不管对方说什么都不做出任何回应,这样貌似避免了直接冲突,但实际上可能是另一种方式的伤害。关于"冷暴力"是不是一种侵权行为的看法很不一致。有人认为,交流是人的自然本能,如果与亲近的人缺乏沟通,感情就会受到伤害。"在冷暴力处境中的男女,身心都会受到伤害,尤其是女性,精神受到的伤害与直接的肉体折磨造成的健康损害同样严重。"②还有一种观点认为,两个人之间缺乏语言沟通,有时候是因为性格内向导致的;交流不仅局限于语言,人们可以通过眼神、动作等对话,"无言不代表无情"。两种观点都有一定道理,导致所谓"冷暴力"的情形有许多种,在立法过程中应该根据情况加以区分,不能一刀切地认为只要沉默就是"暴力",这是对"冷暴力"概念的滥用。只有那些长期对对方不理不睬、漠不关心的人才是"冷暴力"的适格主体。下面这个例子就是很好的例证:"没有暴力。打不起来。他总是闷头不响。有时候他从北京回来,不到年三十不回来,就算回来,下了火车,到村里不回家,先去他一个哥们儿家打麻将,打到天亮才回家。两个人很少说话,也很少交流,没打过架。去年他在北京打工时出车祸,在医院里躺了半个月,也不给家里说。到秋收的时候,他不回家干活。这时村里一个跟他一块儿干活的人,来俺家帮着干活。我挺纳闷的。问了几回,那个一块儿干

---

① 刘余香:《中国婚姻家庭热点问题透析》,中国社会科学出版社2011年版,第189页。
② 刘伟民:《中国式婚姻报告》,广东科技出版社2009年版,第59页。

活的人,才说他出车祸了。收完庄稼,我跟着这个人一起去了北京,在医院里看见他。胡子楂都老长,闭着眼躺着输液。我当时就哭了。他睁开眼看我一下,说一句'你来了'就闭上眼,再没说别的话。待医院几个月,他也不(和我)说话。回村里来养伤,也是天天不言声。他娘说他从小就这性格,不是嫌弃谁。"①

这样的冷漠显然不能用性格内向来解释,而是典型的"冷暴力"。然而,受害人没有觉得自己遭受了暴力,她考虑的很可能是自己哪里不好让对方嫌弃了。"冷暴力"由于其隐蔽性和模糊性,得不到及时制止;有的施暴者长达数年对受害者不理不睬,严重损害了受害者的身心健康,引发诸多社会问题。如果参与立法的代表不具备"受虐妇女综合征"或"冷暴力"的背景知识,很可能对受害人的言行产生误解,导致她们的权益得不到应有的维护,相关的社会问题得不到有效解决。因此,在共同的语境下进行协商是保证各方利益的有效途径。在澄清概念,界定语境,提供背景知识方面,专家和学者的作用不容小觑,他们可以挖掘社会现象背后潜藏的深层问题,提出合理性解释,推动协商各方达成共识。比如,"各地人民法院关于受虐妇女杀夫案的判决很不统一,重到死刑、无期徒刑,轻到判一缓一。虽然轻判的程度不一样,但那些轻判的案件大多是因为法官接受了'受虐妇女综合征'的辩护意见才得以轻判"②。一种有说服力的理论是合理决策、量刑统一的必要准备。

通过对协商民主的不同应用实例的分析,可以发现它应该具备的规范性要件:协商民主应该赋予参与者同等的话语权,给予每个人充分的尊重;它要把所有与议题相关的群体都纳入到决策过程中,保持开放和透明;应该充分发挥媒体、学者等中立方的监督作用,并且提供协商所需的背景知识,协助澄清相关术语和概念。落实这些规范要求是保证决策科学性、合理性和公正性的必要条件。

---

① 李银河:《后村的女人们——农村性别权力关系》,内蒙古大学出版社2009年版,第235页。
② 刘余香:《中国婚姻家庭热点问题透析》,中国社会科学出版社2011年版,第239页。

结　论

　　从阿伦特开始,协商民主理论家一直讨论在复杂的多元社会中如何使决策更合理、使公民得到更加公正的对待。他们提出了许多协商模式,它们侧重点各不相同,有的强调公共理性,有的强调普遍共识,有的强调能力和权利,但它们的规范基础是一致的,即自由的、平等的对话。哈贝马斯的话语伦理学是这方面的典范,他构建了以交往权力为核心的双轨制民主模式,同时也为批判理论提供了新的规范资源。他的观点深刻影响了协商民主的走向,大部分理论家都是在反思、批判其观点的基础上构筑自己的理论,第三代批判理论家更是把作为一种规范理论的协商民主与现实的社会进步运动紧密联系起来,用观察、访谈、民调等实证方法反馈协商民主的实际应用效果。协商民主也由理想向现实迈进了一大步,这一点值得所有致力于"善治"的国家、组织和学者所借鉴。通过上述不同理论家的论述,我们可以发现尽管他们对协商民主模式的细节有诸多分歧,但他们都认为协商民主具有两个核心理念:平等参与和理性交往。具体来说:

　　第一,与代议制民主的专家治国不同,协商民主重视多元个体的意见。现代学科分工明确、彼此独立,容易造成专业局限和信息隔阂,专家对公共事务的评判往往只从本专业出发,难免会有疏漏,因此需要公众意见的补充或纠正。在现代社会,可以把公共话语分为三类:专家话语、流行话语和对抗话语①。专家话语与知识的生产和使用紧密联系在一起,它包含多种社会科学话语,这些话语包括法律话语、行政话语和医疗话语等。它们产生于大学、智囊团、专业团体以及社会服务组织中。流行话语是广泛传播的传统公众话语。对抗话语是批判流行话语的新兴公众话语。这三种话语对民主进程而言同等重要,它们对决策具有同等的影响力。流行话语体现了广为接受的社会观念,它具有一定的合理性,是维持现存秩序的主力。当某些流行话语滞后于社会发展时,一部分公众就对它们进行批判、反思,最终汇聚成对抗话语。当得到公众的广泛认同时,对抗话语就变成了流行话语,而后会出现新一轮的批判、反思。对抗话语是对社会历史趋势的恰当反映,蕴含着变革的潜能,因此它是协商民主通达正义之途的核心要素,而其他政治体制,如精英式民主往往会忽视或压制对抗话语。专家话语是社会观念的系统表达,它具有自身独特的研究方法和内在逻辑。由于它可以用简单明了的术语概括复杂多变的社会现象,因此能够推进协商民主的深度和广度。它具有一种特定的渗透性,可以把基层协商议题推向顶层,把它们放在社会问题解决、制度构建和社会阶层形成的语境中加以理解。它可以在流行话语、对抗话语和国家政策之间建立起"桥梁","专家话语是把充分政治化的需要转换成国家干预对象的潜在工具"②。在此意义上,可以把专家话语称为"桥"(bridge)话语,意指它可以调节公众与国家之间的关系。三种话语涵盖了所有的利益群体,每个人都可以在这三种话语中找到自己的位置,因此保证三种话语在决策过程中的充分表达,就是保证每个人的发言权。

第二,与古希腊雅典的古典民主不同,协商民主是理性的对话和沟通,对异见保持开放。虽然伯里克利在"葬礼演说"中一再强调雅典民主制作出决策时的慎重,"最坏的事情莫过于在结果尚未适当讨论之

---

① 在这里,"话语"特指不同意见在公共领域的表达或呈现。
② Nancy Fraser, *Unruly Practices: Power, Discourse and Gender in Contemporary Social Theory*. University of Minnesota Press, 1989, p. 173.

前就匆匆地付诸行动"[1]，但是"公民大会过于庞大，以至于难以准备自己的日程和起草法案，也不能成为一个吸纳新的政治创见和建议的核心机构"[2]。一旦民众受到不实言辞的蛊惑，义愤的情绪被煽动起来，被控方往往失去辩护和举证的机会，非理性的判决在所难免。在著名的六将军案和苏格拉底案过后不久，公民大会的成员就对自己当初的决断感到后悔。协商民主为了避免决策的仓促和轻率，不仅保证每个人的发言权，而且确保每个人的质疑权。它要求被质疑方理性对待与自己意见相左的观点，并愿意接纳他人对自己的合理批评。这里的关键不是对错与否，而是开放的态度。自认为"理性"的人时常给别人贴上"非理性"的标签，然后不予理睬。事实上，草率地下判断才是非理性的表现，因此协商民主特别强调"包容"。"包容"是一切美德的开端，它体现了一种把人当作目的的道德尊重。它不仅反映在对异见的态度上，而且适用于协商主体的设定上。不同群体之间存在着各式各样的差异，如能力、性别、种族、职业、收入等。这些差别本身不能成为一个人是否能够参与政治决策的依据或政治边界设定的标准，因为它们不会构成对话与交流的障碍，相互区别的群体或个人可以通过特定的协商规则达成合意。其中三种协商程序对合意达成具有关键作用：一是"致意"，首先要表明对社会各个阶层和利益集团的承认与包容。二是演说或修辞，它在说服听众方面起到重要作用。平易的语汇比"八股文"腔调更能为不同的交流媒体所接纳。三是叙述，某个群体可能通过叙述向其他群体传达他们的经历和观念。从协商过程中平易的语汇和生活化的叙述可以看出，协商民主要求的"理性"是宽松的，它没有把"理性"局限于冷静的、有序的表达，而是扩展到那些表面上看似不太有序、不太冷静，却经过深思熟虑的意见，这些意见很可能包含诸多有价值的成分，只不过没有用"有序的"语言表达出来而已。

第三，与传统的参与式民主不同，协商民主的适用范围很广，甚至

---

[1] ［英］戴维·赫尔德：《民主的模式》，燕继荣等译，中央编译出版社1998年版，第19页。

[2] ［英］戴维·赫尔德：《民主的模式》，燕继荣等译，中央编译出版社1998年版，第27页。

能够超越领土国家边界,支持全球代表权。在决策形成方面,混合民主主要借鉴双轨制协商民主模式,采用分级制:首先由基层民众形成初步意见,再由选举出来的代表进行商议,把商议结果及时反馈给民众,而后逐级推至顶层。各级之间、各级内部均采用协商对话形式。绝大多数的政治体制都以领土国家为边界,决策的参与者必须是一国公民。然而,"不管问题是全球变暖还是移民、女性还是贸易协定、失业还是'反对恐怖主义的战争',目前公共舆论的变动很少停留在领土国家边界内。她们的交往通常既不存在于威斯特伐利亚国家中,也不通过国家媒体传播。此外,辩论的问题通常就是跨领土的,既不能被置于威斯特伐利亚空间中,也不能通过威斯特伐利亚国家得到解决"[1]。国际组织、政府间网络和非政府组织对国内事务的影响越来越大,甚至分享了领土国家的许多关键管理职能。这种情况不仅适用于相对较新的功能,如环境监管,而且也适用于传统功能,如防卫和治安。外包、跨国企业和"离岸商业登记"(offshore business registry)使基于领土的国民生产在很大程度上只存留于观念中;由于布雷顿森林资本控制的全天候(24/7)全球电子金融市场的出现,国家对货币的控制现在非常有限;调控贸易、生产和金融的基础规则应放在跨国交流平台上来制定。此外,由于移民、迁徙等原因,现在每个国家领域内都有非公民,对话者经常既不是族人也不是伙伴公民,代议制民主无法把他们纳入公共对话中。不论是国际组织、非政府组织,还是国内非公民对话者都需要一种新型决策机制来应对全球化的挑战。混合民主不以领土国家为边界,也不要求参与者必须具备政治成员资格,它对所有与议题相关的主体开放,这从另一个侧面反映了混合民主的包容性和适应性,它能够成为全球化时代的有效决策机制。

  具体到制度来说,协商民主内部的宏观策略与微观策略是不同的。微观协商民主关注的是国家内部小规模的组织化场所中的理想的协商程序,其导向是中立参与者在同一时间同一地点共同协商以作出决策。

---

[1] Nancy Fraser, "Transnationalizing the Public Sphere: On the Legitimacy and Efficacy of Public Opinion in a Post-Westphalian World", in *Theory, Culture & Society*, 2007(24), p.14.

与之相反,宏观协商民主倾向于非正式的、非组织性的、临时的松散交流,不受时间和空间的阻隔,旨在形成观点,它发生在公民社会范围内,而处于国家正式的决策机制之外,并与之相对立,参与协商的人都有其党派性。微观协商往往过于精英主义,将太多的参与者排除在外;而在宏观协商里,交流很容易因为不平等和利己主义而被扭曲,除非这种协商交流与决策和微观的协商场所联系起来,否则就无法对公民充分授权,使其真正有效地参与协商。因此,微观民主与宏观民主结合成一体是必不可少的。两种类型的协商都必须由一系列的制度所产生和培育,确保将公民社会中的意见形成与国家决策联系起来。这就是"双轨制民主"。

微观民主的目的是通过大众政治直接控制政府行政,其中包括各种微型公众,如协商意见民意调查、公民陪审团、共识会议和公民投票等。对于多样化社会而言,这些制度的代表性要高于聚合民主的选举程序,因为它们努力成为具有可操作性的公民制度的缩影。此外,这些制度适用于不同的人口规模,能够与去集中化完全兼容,能有效吸收专业人才,因此能有效适应社会复杂性的多种特征。然而,微观民主是非正式的和零散的,它必须与正式的政府决策进程联系起来。宏观民主涵盖了不同时间、不同空间的大量人员,它通过新闻媒体向公众和政府决策参与者传播政治交流内容,因而对促进包容性协商的形成有重要作用。在宏观协商中,相互交叉的各网络之中和之间所发生和出现的对话,使得不同利益群体的代表以及公民能够听取各方观点和其他群体的经验,并将他们自身视为公民而不仅仅是某一群体的成员。因而两极化的群体能互相联系,这有助于培养宽容情绪,鼓励形成公民身份,增加妥协的限度。因此,国家应该支持弱势群体,确保他们在协商中真正地代表自己。但是,在一个自由民主国家,作为传播和监督者的媒体舆论严重失效,它为了吸引、迷惑、留住支持者,无法有效地揭示出辩论的复杂性。因此需要一个具体的微观协商场所,在其中媒体可以集中注意力并提供平衡的报道。如果没有这一具体场所,媒体报道无法涵盖所有来自非正式领域的辩论。因此,微观协商可以补充宏观协商的包容性。

参考文献

曹卫东:《权力的他者》,上海教育出版社2004年版。

陈家刚:《协商民主与政治发展》,社会科学文献出版社2011年版。

陈家刚:《协商民主与国家治理:中国深化改革的新路向新解读》,中央编译出版社2014年版。

陈学明、王凤才:《西方马克思主义前沿问题二十讲》,复旦大学出版社2008年版。

楚树龙、荣予:《美国政府和政治》,清华大学出版社2012年版。

江宜桦:《自由民主的理路》,联经出版事业公司2001年版。

蒋劲松:《德国代议制》,中国社会科学出版社2009年版。

李惠斌、薛晓源:《全球化与公民社会》,广西师范大学出版社2003年版。

刘军宁等编:《经济民主与经济自由》,三联出版社1997年版。

钱满素:《美国自由主义的历史变迁》,三联书店2006年版。

邱家军:《代表谁?——选民与代表》,复旦大学出版社2010年版。

谈火生:《民主审议与政治合法性》,法律出版社2007年版。

田穗生:《中外代议制度比较》,商务印书馆2003年版。

夏禹龙、顾肖荣主编:《20年来中国政治体制改革和民主法制建设》,重庆出版社1999年版。

殷冬水:《民主:社会正义的生命——关于社会正义政治条件的规范研究》,吉林大学博士论文,2008。

应奇:《代表理论与代议民主》,吉林出版集团2008年版。

于海青:《当代西方参与民主研究》,中国社会科学出版社2009年版。

俞可平:《民主与陀螺》,北京大学出版社2006年版。

俞可平:《敬畏民意:中国的民主治理与政治改革》,中央编译出版社2012年版。

原宗丽:《参与式民主理论研究》,中国社会科学出版社2011年版。

王凤才:《从公共自由到民主伦理——批判理论语境中的维尔默政治伦理学》,人民出版社2011年版。

汪行福:《通向话语民主之路:与哈贝马斯对话》,四川人民出版社2002年版。

汪行福:《分配正义与社会保障》,上海财经大学出版社2003年版。

周凡:《历史漩涡中的正义能指——关于"塔克尔-伍德命题"的若干断想》,载《马克思主义与现实》2011年第3期。

周光辉、殷冬水:《民主:社会正义的生命和保障——关于民主对社会正义的价值的思考》,载《文史哲》2008年第6期。

周叶中:《代议制度比较研究》,商务印书馆2014年版。

[德]阿梅龙等:《法兰克福学派在中国》,社会科学文献出版社2011年版。

[美]阿米·古特曼、丹尼斯·汤普森:《民主与分歧》,东方出版社2007年版。

[美]阿伦德·利普哈特:《协和式民主——对阿尔蒙德四方民主体系类型的扩展》,庞娟译,载《经济社会体制比较》2012年第2期。

［美］阿米·古特曼、丹尼斯·汤普森:《民主与分歧》,杨立峰译,东方出版社2007年版。

［美］艾伦·德肖微茨:《最好的辩护》,唐交东译,法律出版社1997年版。

［英］安东尼·吉登斯:《民族—国家与暴力》,胡宗泽、赵力涛译,三联书店1998年版。

［美］巴林顿·麻尔:《民主和专制的社会起源》,拓夫、张东东等译,华夏出版社1987年版。

［英］保罗·约翰逊:《美国人的历史》,秦传安译,中央编译出版社2010年版。

［美］贝思·辛格:《实用主义、权利和民主》,王守昌译,上海译文出版社2001年版。

［美］本杰明·卡多佐:《司法过程的性质》,苏力译,商务印书馆2000年版。

［古希腊］柏拉图:《理想国》,郭斌和、张竹明译,商务印书馆1986年版。

［英］C. W. 沃特森:《多元文化主义》,叶艺兴译,吉林人民出版社2005年版。

［美］查尔斯·蒂利:《民主》,魏洪钟译,上海人民出版社2009年版。

［美］达龙·阿塞莫格鲁、詹姆士·罗宾逊:《政治发展的经济分析——专制和民主的经济起源》,马春文译,上海财经出版社2008年版。

［英］戴维·赫尔德:《民主的模式》,燕继荣等译,中央编译出版社1998年版。

［美］丹尼尔·布尔斯廷:《美国人:民主的历程》,谢延光译,上海译文出版社2009年版。

［英］菲利普·佩迪特:《共和主义——一种关于自由与政府的理论》,刘训练译,江苏人民出版社2006年版。

［法］弗朗索瓦·基佐:《欧洲代议制政府的历史起源》,张清津、袁

淑娟译,复旦大学出版社2008年版。

[英]格雷厄姆·沃拉斯:《政治中的人性》,朱曾汶译,商务印书馆1995年版。

[英]G. A. 科恩:《为什么不要社会主义?》,段忠桥译,人民出版社2011年版。

[美]哈罗德·D.拉斯韦尔:《政治学:谁得到什么？何时和如何得到?》,杨昌裕译,商务印书馆1992年版。

[英]哈耶克:《自由秩序原理》,邓正来译,三联书店1997年版。

[英]哈耶克:《法律、立法与自由》,邓正来等译,中国大百科全书出版社2000年版。

[美]汉娜·鄂兰:《极权主义的起源》,林骧华译,时报出版社1993年版。

[美]汉娜·阿伦特:《共和的危机》,郑辟瑞译,上海人民出版社2013年版。

[美]汉密尔顿、杰伊、麦迪逊:《联邦党人文集》,程逢如、在汉、舒逊译,商务印书馆1980年版。

[美]赫伯特·马尔库塞:《单向度的人——发达工业社会意识形态研究》,刘继译,上海译文出版社1989年版。

[德]黑格尔:《法哲学原理》,范扬、张企泰译,商务印书馆1961年版。

[美]亨利·罗伯特:《罗伯特议事规则(第十版)》,袁天鹏、孙涤译,上海人民出版社2008年版。

[英]霍布斯:《利维坦》,黎思复、黎廷弼译,商务印书馆1985年版。

[美]卡罗尔·佩特曼:《参与和民主理论》,陈尧译,上海人民出版社2006年版。

[美]克里斯托弗·拉希:《精英的反叛》,李丹莉、刘爽译,中信出版社2010年版。

[美]理查德·沃林:《海德格尔的弟子:阿伦特、勒维特、约纳斯和马尔库塞》,张国清、王大林译,江苏教育出版社2005年版。

［美］罗伯特·达尔:《美国宪法的民主批判》,佟德志译,东方出版社2007年版。

［美］罗伯特·诺齐克:《无政府、国家与乌托邦》,姚大志译,中国社会科学出版社2008年版。

［美］罗伯特·吉尔平:《世界政治中的战争与变革》,宋新宁、杜建平译,上海人民出版社2007年版。

［美］罗伯特·威布:《自治:美国民主的文化史》,商务印书馆2006年版。

［美］罗素·哈丁:《自由主义、宪政主义和民主》,王欢、申明民译,商务印书馆2009年版。

［法］路易·勃朗:《劳动组织》,何钦译,商务印书馆1962年版。

［美］路易斯·亨金:《民主、宪政、对外事务》,邓正来译,三联书店1996年版。

［英］洛克:《政府论》,瞿菊农、叶启芳译,商务印书馆1982年版。

［英］洛克:《洛克谈人权与自由》,石磊编译,天津社会科学院出版社2011年版。

［英］J. S. 密尔:《代议制政府》,汪瑄译,商务印书馆1997年版。

［德］马克思、恩格斯:《马恩全集》,人民出版社中文第二版。

［德］马克斯·韦伯:《经济与社会》,林荣远译,商务印书馆1997年版。

［美］迈克尔·桑德尔:《民主的不满——美国在寻求一种公共哲学》,曾纪茂译,江苏人民出版社2008年版。

［南非］毛里西奥·帕瑟林·登特里维斯:《作为公共协商的民主:新的视角》,王英津译,中央编译出版社2006年版。

［英］米勒:《社会正义原则》,应奇译,江苏人民出版社2001年版。

［美］纳尔逊·波尔斯比:《总统选举——美国政治的战略与构架》,管梅译,北京大学出版社2007年版。

［美］诺姆·乔姆斯基:《遏制民主》,汤大华译,商务印书馆2013年版。

［英］帕特里克·敦利威:《民主、官僚制与公共选择——政治科学

中的经济学阐释》，张庆东译，中国青年出版社2004年版。

[美]皮特·F.伯恩斯：《仅有选举政治是不够的——少数群体利益表达与政治回应》，任国忠译，中央编译出版社2011年版。

[法]让－马克·夸克：《合法性与政治》，佟心平、王远飞译，中央编译出版社2002年版。

[美]塞拉·本哈比：《民主与差异：挑战政治的边界》，黄相怀、严海兵译，中央编译出版社2009年版。

[英]斯蒂芬·艾斯特：《第三代协商民主》，蒋林、李新星译，载《国外理论动态》2011年第3期。

[美]斯蒂芬·马塞多：《自由主义美德——自由主义宪政中的公民身份、德性与社群》，马万利译，译林出版社2010年版。

[法]托克维尔：《论美国的民主》，董果良译，商务印书馆1989年版。

[意]托马斯·阿奎那：《阿奎那政治著作选》，马清槐译，商务印书馆1963年版。

[美]悉尼·胡克：《理性、社会神话和民主》，金克、徐崇温译，上海人民出版社2006年版。

[古希腊]亚里士多德：《雅典政制》，日知、力野译，商务印书馆1959年版。

[古希腊]亚里士多德：《政治学》，吴寿彭译，商务印书馆1965年版。

[德]哈贝马斯：《公共领域的结构转型》，曹卫东等译，学林出版社1999年版。

[德]尤尔根·哈贝马斯：《包容他者》，曹卫东译，上海人民出版社2002年版。

[德]尤尔根·哈贝马斯：《现代性的哲学话语》，曹卫东等译，译林出版社2004年版。

[德]尤尔根·哈贝马斯：《对话伦理学与真理的问题》，沈清楷译，中国人民大学出版社2005年版。

[德]尤尔根·哈贝马斯：《在事实与规范之间：关于法律和民主法

治国的商谈理论》,童世骏译,三联书店 2003 年版。

[德]尤尔根·哈贝马斯:《民主的三种规范模式》,曹卫东译,2011 年 12 月 12 号 http://www.cssn.cn/news/435337.htm。

[美]约·埃尔斯特:《协商民主:挑战与反思》,周艳辉译,中央编译出版社 2009 年版。

[英]约翰·勃雷:《对劳动的迫害及其救治方案(或强权时代与公理时代)》,袁贤能译,商务印书馆 1959 年版。

[澳]约翰·德雷泽克:《协商民主及其超越:自由与批判的视角》,丁开杰等译,中央编译出版社 2006 年版。

[美]约翰·罗尔斯:《政治自由主义》,万俊人译,译林出版社 2011 年版。

[英]约瑟夫·拉兹:《自由的道德》,孙晓春等译,吉林人民出版社 2011 年版。

[美]约瑟夫·熊彼特:《资本主义、社会主义与民主》,吴良健译,商务印书馆 1999 年版。

[加]威尔·金里卡:《自由主义、社群与文化》,应奇、葛水林译,上海译文出版社 2005 年版。

[英]威廉·葛德文:《政治正义论》,何慕李译,商务印书馆 1980 年版。

[美]詹姆斯·博曼:《公共协商:多元主义、复杂性与民主》,冯莉、伍剑译,中央编译出版社 2006 年版。

[美]詹姆斯·博曼、威廉·雷吉:《协商民主:论理性与政治》,陈家刚译,中央编译出版社 2006 年版。

[美]詹姆斯·菲什金、[英]彼得·拉斯莱特:《协商民主论争》,张晓敏译,中央编译出版社 2009 年版。

[美]詹姆斯·W. 西瑟:《自由民主与政治学》,竺乾威译,上海人民出版社 1998 年版。

Adam Przeworski, *Democracy and the Limits of Self-Government*. Cambridge University Press, 2010.

Adam Przeworski, Susan C. Stokes and Bernard Manin, *Democracy, Accountability, and Representation.* Cambridge University Press, 1999.

Alexander Brown, *Ronald Dworkin's Theory of Equality: Domestic and Global Perspectives.* Palgrave Macmillan, 2009.

Alexander Korolev, "Deliberative Democracy Nationwide? — Evaluating Deliberativeness of Healthcare Reform in China", in *Journal of Chinese Political Science*, 2014(2).

Allen W. Wood, *Elements of the Philosophy of Right.* trans. By H. B. Nisbet, Cambridge University Press, 1991.

Amartya Sen, *Development as Freedom.* New York: Anchor Books, 1999.

Amy Gutmann, *Liberal Equality.* Cambridge University Press, 1980.

Amy Gutmann, *Democracy and the Welfare State.* Princeton University Press, 1988.

Amy Gutmann, *Freedom of Association.* Princeton University Press, 1998.

Amy Gutmann, *Democratic Education.* Princeton University Press, 1999.

Amy Gutmann, *Identity in Democracy.* Princeton University Press, 2004.

Amy Gutmann and Dennis Thompson, *Why Deliberative Democracy?* Princeton University Press, 2004.

Amy Gutmann, *The ethics of synthetic biology: guiding principles for emerging technologies.* Presidential Commission for the Study of Bioethical Issues, 2010.

Andreas Follesdal, Thomas W. Pogge (eds.), *Real World Justice.* Dordrecht: Springer, 2005.

Anthony Giddens, *The Constitution of Society: Outline of the Theory of Structuration.* Polity Press, 1984.

Anthony Giddens, *The Third Way: The Renewal of Social Democracy.*

Wiley, 1998.

B. R. Barber, *Strong Democracy: Participatory Politics for a New Age.* Berkeley: University of California Press, 2003.

Bernard Manin, *The Principles of Representative Government.* Cambridge University Press, 1997.

Brian Barry, *Democracy, Power and Justice: Essays in Political Theory.* Oxford: Clarendon Press, 1989.

Carles Boix, *Democracy and Redistribution.* Cambridge University Press, 2003.

Christian F. Rostbøll, *Deliberative Freedom: Deliberative Democracy as Critical Theory.* State University of New York Press, 2008.

Christopher McMahon, *Reasonable Disagreement: A Theory of Political Morality.* Cambridge University Press, 2009.

D. Acemoglu, J. A. Robinson, *Economic Origins of Dictatorship and Democracy.* Cambridge: Cambridge University Press, 2005.

David Held, *Models of Democracy.* Stanford University Press, 1996.

David Hume, *An Enquiry Concerning the Principles of Morals.* Oxford: Oxford University Press, 1998.

David Kahane and Catherine Bell, *International Dispute Resolution in Aboriginal Contexts*, University of British Columbia Press, 2004.

David Kahane, Daniel Weinstock, Dominique Leydet and Melissa Williams (eds.), *Deliberative Democracy in Theory and Practice*, University of British Columbia Press, 2010.

David Miller and William Dinan, *A Century of Spin: How Public Relations Became the Cutting Edge of Corporate Power.* London: Pluto Press, 2008.

David Miller, *et al.*, *NeoLiberal Scotland: Class and Society in a Stateless Nation.* Newcastle Upon Tyne: Cambridge Scholars Publishing, 2010.

Dennis F. Thompson, *Political Ethics and Public Office.* Harvard

University Press, 1990.

Dennis F. Thompson, *Ethics in Congress: From Individual to Institutional Corruption*. Brookings Institution Press, 1995.

Dennis F. Thompson, *Just Elections: Creating a Fair Electoral Process in the United States*. University of Chicago Press, 2002.

Dennis F. Thompson, *Restoring Responsibility: Ethics in Government, Business, and Healthcare*. Cambridge University Press, 2004.

Dennis F. Thompson, *The Democratic Citizen: Social Science and Democratic Theory in the Twentieth Century*. Cambridge University Press, 2010.

Dennis F. Thompson, et al., *The Spirit of Compromise: Why Governing Demands It and Campaigning Undermines It*. Princeton University Press, 2012.

Diana C. Mutz, *Impersonal Influence: How Perceptions of Mass Collectives Affect Political Attitudes*. Cambridge: Cambridge University Press, 1998.

Diana C. Mutz, *Hearing the Other Side: Deliberative Versus Participatory Democracy*. Cambridge: Cambridge University Press, 2006.

Diana C. Mutz, *Population-Based Survey Experiments*. Princeton: Princeton University Press, 2011.

Diana C. Mutz, *The Obama Effect: How the 2008 Campaign Changed White Racial Attitudes*, with Seth Goldman. Russell Sage Foundation, 2014.

Dieter Rucht, *Research on Social Movements: The State of the Art in Western Europe and the USA*. Westview Press, 1991.

Dieter Rucht, et al., *Cyberprotest: New Media, Citizens and Social Movements*. Routledge, 2004.

Dieter Rucht, et al., *Social Movements in a Globalizing World*. Palgrave Macmillan, 2009.

Dieter Rucht, et al., *Meeting Democracy: Power and Deliberation in

Global Justice Movements. Cambridge University Press, 2013.

Donald G. Ellis, *From Language To Communication*. Routledge, 1999.

Donald G. Ellis, *Transforming Conflict: Communication and Ethnopolitical Conflict*. Rowman & Littlefield Publishers, 2006.

Douglas Kellner (ed.), *Towards a Critical Theory of Society: Collected Papers of Herbert Marcuse, Volume Two*. Routledge, 2001.

Ifat Maoz & Donald G. Ellis, "Misperceptions and Miscommunication in Ethnopolitical Conflict", in *Encyclopedia of Violence, Peace and Conflict*. Elsevier, 2008.

Donald G. Ellis, "Argument and Ethnopolitical Conflict", in *Communication Methods and Measures*. 2010(4).

Donald G. Ellis, "Democratic Argument and Deliberation Between Ethnopolitically Divided Groups", in Giles and Harwood (eds.), *Intergroup Communication*. 2010.

Donald G. Ellis, "Online deliberation between Ethnopolitically divided groups", in *Landscapes of violence*. 2010.

Donald G. Ellis, "Intergroup Conflict", in C. R. Berger, M. E. Roloff, & D. R. Roskso-Ewoldsen (eds.), *Handbook of Communication Science*. Sage Publications, 2010.

Donald G. Ellis, *Deliberative Communication and Ethnopolitical Conflict*. Peter Lang International Academic Publishers, 2012.

Donatella della Porta (ed.), *The Global Justice Movement: Cross National and Transnational Perspectives*. Paradigm, 2007.

Donatella della Porta, *Global Democracy and the World Social Forum*. Paradigm, 2007.

Donatella della Porta, *Can Democracy Be Saved?: Participation, Deliberation and Social Movements*. Polity, 2013.

Donatella della Porta, *Clandestine Political Violence*, Cambridge 2013.

Elzbieta Matynia, *Performative Democracy*. Paradigm, 2009.

Ethan J. Leib, Baogang He (eds.), *The Search for Deliberative*

Democracy in China. New York: Palgrave Macmillan, 2006.

F. G. Castles (ed.), *The Impact of Parties: Politics and Policies in Democratic Capitalist States*. California: Sage, 1982.

G. A. Cohen, *Self-Ownership Freedom and Equality*. Cambridge University Press, 1995.

G. A. Cohen, *If you're an Egalitarian, How Come You're So Rich?*. Harvard University Press, 2000.

G. A. Cohen, *Rescuing Justice & Equality*. Harvard University Press, 2008.

Gabriel A. Almond, Sidney Verba, *The Civic Culture: Political Attitudes and Democracy in Five Nations*. Boston: Little & Brown, 1965.

Giovanni Boniolo, "Deliberative Ethics in a Biomedical Institution. An Example of Integration Between Science and Ethics", in *Journal of Medical Ethics*. 2010(36).

Giovanni Boniolo, *The Art of Deliberating: Democracy, Deliberation and the Life Sciences between History and Theory*. Springer, Heidelberg, 2012.

Hannah Arendt, *Eichmann in Jerusalem*. The Viking Press, 1963.

Hannah Arendt, *The Human Condition*. The University of Chicago Press, 1998.

Iris Marion Young, *Justice and the Politics of Difference*. Oxford: Princeton University Press, 1990.

Iris Marion Young, *Inclusion and Democracy*. Oxford: Oxford University Press, 2000.

Iris Marion Young, *On Female Body Experience: "Throwing Like a Girl" and Other Essays*. Oxford: Oxford University Press, 2005.

Iris Marion Young, *Global Challenges: War, Self-Determination, and Responsibility for Justice*. Polity Press, 2007.

Iris Marion Young, *Responsibility for Justice*. Oxford University Press, 2010.

Isaac A. Blankson, Patrick D. Murphy (eds.), *Negotiating Democracy*. State University of New York Press, 2007.

J. Cohen, J. Rogers, *Associations and Democracy*. London: Verso, 1995.

J. Timmons Roberts and Amy Hite (eds.), *From Modernization to Globalization Perspectives on Development and Social Change*. Blackwell, 2000.

J. S. McClelland, *A History of Western Political Thought*. Routledge, 1996.

James F. Bohman, *Deliberative democracy: Essays on Reason and Politics*. Cambridge: MIT Press, 1997.

James F. Bohman, *Public Deliberation: Pluralism, Complexity, and Democracy*. Cambridge: MIT Press, 2000.

James F. Bohman, *Pluralism and the pragmatic turn*. Cambridge: MIT Press, 2001.

James F. Bohman, *Democracy Across Borders: From Demos to Demoi*. MIT Press, 2007.

James F. Bohman, "Democracy and the Epistemic Benefits of Diversity", in *Episteme*. 2007(3).

James F. Bohman, "Living without Freedom: Democracy and the Cosmopolitan Constitution", in *Political Theory* 2009(37)

James F. Bohman, "Democratizing the global order: civil society, the public sphere and deliberative governance", in *Review of International Studies*, 2010.

James F. Bohman, "Pluralism, Democracy and the Legitimacy of the 'People'", in Duncan Ivison (ed.), *Companion to Multiculturalism*. Ashgate, 2010.

James F. Bohman, "Democracy and World Politics", in D. Bell (ed.), *Ethics and World Politics*. Oxford University Press, 2010.

James Goron Finlayson and Fabian Freyenhagen (eds.), *Habermas and Rawls Disputing the Political*. Routledge, 2011.

James S. Fishkin, Peter Laslett (eds.), *Debating Deliberative Democracy*. Blackwell, 2003.

James S. Fiskin and Peter Laslett, *Debating Deliberative Democracy*. Blackwell Publishing Limited, 2003.

James S. Fiskin, *When the People Speak*: *Deliberative Democracy and Public Consultation*. Oxford University Press, 2009.

James S. Fiskin, R. Jowell and R. C. Luskin, "Considered Opinions: Deliberative Polling in Britain", in *British Journal of Political Science*, 2002.

James S. Fiskin and R. C. Luskin, "Experimenting with a Democratic Ideal: Deliberative Polling and Public Opinion", in *Acta Politica*, 2005.

James W. Ceaser, Andrew E. Busch and John J. Pitney, *After Hope and Change: The 2012 Elections and American Politics*. Rowman & Littlefield Publishers, 2013.

Jane Mansbridge, *Beyond Adversary Democracy*. University of Chicago Press, 1983.

Jane Mansbridge and Aldon Morris, *Oppositional Consciousness: The Subjective Roots of Social Protest*. Chicago University of Press, 2001.

Jane Mansbridge and John Parkinson, *Deliberative Systems*. Cambridge University Press, 2012.

Jane Mansbridge and Cathie Jo Martin, *Negotiating Agreement in Politics*. American Political Science Association, 2013.

Jeffrey Reiman, *As Free and as Just as Possible: The Theory of Marxian Liberalism*. Wiley-Blackwell, 2012.

John F. Forester, "Beyond 'Participation': From Risk Management to Processes of Dialogue, Debate, and Negotiation", with Reshmi Thecketil, *Building Safer Communities, Risk Governance, Spatial Planning, and Responses to Natural Hazards*, 2009.

John F. Forester, *Dealing with Differences: Dramas of Mediating*

Public Disputes. Oxford University Press, 2009.

John F. Forester, *Planning in the Face of Conflict: Surprising Possibilities of Facilitative Leadership*. American Planning Association Press, 2013.

John J. Pitney, *The Art of Political Warfare*. University of Oklahoma Press, 2001.

John Keane, *The Life and Death of Democracy*. W. W. Norton & Company, 2009.

John R. Parkinson, *Captives and Captive Management for Practitioners and Owners*. Key Haven Publications, 2002.

John R. Parkinson, *Democracy and Public Space: The Physical Sites of Democratic Performance*. Oxford University Press, 2014.

John Rawls, *A Theory of Justice*. Harvard University Press, 1971.

John Rawls, *Political Liberalism*. Columbia University Press, 1993.

John S. Dryzek, *Conflict and Choice in Resource Management: The Case of Alaska*. Westview Press, 1983.

John S. Dryzek, *Rational Ecology: Environment and Political Economy*. Blackwell, 1987.

John S. Dryzek, *Discursive Democracy: Politics, Policy, and Political Science*. Cambridge University Press, 1994.

John S. Dryzek, *Democracy in Capitalist Times: Ideals, Limits, and Struggles*. Oxford University Press, 1996.

John S. Dryzek, *The Politics of the Earth: Environmental Discourses*. Oxford University Press, 1997.

John S. Dryzek, *Deliberative democracy and beyond: Liberals, Critics, Contestations*. Oxford: Oxford University Press, 2000.

John S. Dryzek, *Post-Communist Democratization: Political Discourses Across Thirteen Countries*. Cambridge University Press, 2002.

John S. Dryzek, *Deliberative Global Politics: Discourse and Democracy in a Divided World*. Polity, 2006.

John S. Dryzek and Patrick Dunleavy, *Theories of the Democratic State*. Palgrave Macmillan, 2009.

John S. Dryzek, *Foundations and Frontiers of Deliberative Governance*. Oxford University Press, 2012.

Jon Elster (ed.), *Constitutionalism and Democracy*. Cambridge University Press, 1988.

Jon Elster, *Local Justice*. Russell Sage Foundation, 1992.

Jon Elster (ed.), *Local Justice in America*. Russell Sage, 1995.

Jon Elster (ed.), *The Round Table Talks in Eastern Europe*. University of Chicago Press, 1996.

Jon Elster (ed.), *Deliberative Democracy*. Cambridge University Press, 1998.

Jon Elster, *Closing the Books: Transitional Justice in Historical Perspective*. Cambridge University Press, 2004.

Jon Elster (ed.), *Retribution and Reparation in the Transition to Democracy*. Cambridge University Press, 2006.

Jon Elster (ed.), *Nomos: Transitional Justice*. New York University Press, 2012.

Jon Elster, *Securities against Misrule: Juries, Assemblies, Elections*. Cambridge University Press, 2013.

Jose Maria Maravall and Adam Przeworski, *Democracy and the Rule of Law*. Cambridge University Press, 2003.

Jose Maria Maravall and Ignacio Sanchez-Cuenca, *Controlling Governments*. Cambridge University Press, 2007.

Joseph M. Bessette, *The Mild Voice of Reason: Deliberative Democracy and American National Government*. University of Chicago Press, 1997.

Joshua Cohen, "Radical Democracy", in *Swiss Journal of Political Science*, 2004(4).

Joshua Cohen, "A Human Right to Democracy?", in Christine Sypnowich (ed.), *The Egalitarian Conscience*. Oxford University

Press, 2006.

Joshua Cohen, "Global Democracy?" in *New York University Journal of International Law and Policy*, 2006(4).

Joshua Cohen, "Deliberative Democracy: Reflections on the Empirics," in (ed.) Shawn Rosenberg, *Can the People Decide? An Encounter Between Theory and Empirical Research*. McMillan, 2007.

Joshua Cohen, *Philosophy, Politics, Democracy: Selected Papers*. Harvard University Press, 2009.

Joshua Cohen, "Truth and Public Reason", in *Philosophy and Public Affairs*, 2009.

Joshua Cohen, "Liberty, Equality, Gender", in Robert Reich and Debra Satz, *Toward a Humanist Justice: The Philosophy of Susan Moller Okin*. Oxford University Press, 2009.

Joshua Cohen, "Reflections on Deliberative Democracy", in John Christman and Thomas Christiano (eds.), *Debates in Political Philosophy*. Blackwells, 2009.

Joshua Cohen, *Rousseau: A Free Community of Equals*. Oxford University Press, 2010.

Joshua Cohen, *The Arc of the Moral Universe and Other Papers*. Harvard University Press, 2011.

Joshua Cohen, "Philosophy, Social Science, Global Justice", in Alison Jaggar (ed.), *Thomas Pogge and His Critics*. Polity Press, 2011.

Judith Butler and Athena Athanasiou, *Dispossession: The Performative in the Political*. Polity, 2013.

Judith N. Shklar, *American Citizenship: The Quest for Inclusion*, Cambridge, Mass: Harvard University Press, 1991.

Jürg Steiner, *Conscience in Politics: An Empirical Investigation of Swiss Decision Cases*. Routledge, 1996.

Jürg Steiner, et al., *Deliberative Politics in Action*. Cambridge University Press, 2005.

Jürg Steiner, et al. ,*European Democracies*. Pearson, 2010.

Jürg Steiner, *Amicable Agreement Versus Majority Rule: Conflict Resolution in Switzerland*. The University of North Carolina Press, 2011.

Jürg Steiner, et al. ,*A Theory of Political Decision Modes: Intraparty Decision Making in Switzerland*. The University of North Carolina Press, 2012.

Jürg Steiner, *The Foundations of Deliberative Democracy*, Cambridge University Press, 2012.

Jürgen Habermas, *The Structural Transformation of the Public Sphere: An Inquiry into a Category of Bourgeois Society*. Cambridge, MA: MIT Press, 1993.

Jürgen Habermas, *Between Facts and Norms: Contributions to a Discourse Theory of Law and Democracy*. Cambridge, MA: MIT Press, 1996.

Jürgen Habermas, *Between Naturalism and Religion: Philosophical Essays*. Polity, 2008.

Jürgen Habermas,*Europe: The Faltering Project*. Polity, 2009.

Jürgen Habermas,*An Awareness of What is Missing: Faith and Reason in a Post-secular Age*. Polity, 2010.

Jürgen Habermas and Judith Bulter, *The Power of Religion in the Public Sphere*. Columbia University Press, 2011.

Jürgen Habermas, *The Crisis of the European Union: A Response*. Polity, 2013.

Karl Polanyi,*The Great Transformation: The Political and Economic Origins of Our Time*. Beacon Press, 2001.

Keith Dowding, Robert E. Goodin and Carole Pateman,*Justice and Democracy: Essays for Brian Barry*. Cambridge University Press, 2004.

Kevin Olson,*Reflective Democracy: Political Equality and the Welfare State*. MIT Press, 2006.

Kimmo Grönlund and Henry Milner, "The Determinants of Political

Knowledge in Comparative Perspective", in *Scandinavian Political Studies*, 2006(29).

Kimmo Grönlund, Kim Strandberg and Staffan Himmelroos, "The Callenge of Deliberative Democracy Online—A Comparison of Face – to – face and Virtual Experiments in Citizen Deliberation", in *Information Polity*, 2009(14).

Kimmo Grönlund and Maija Setälä, "Deliberation and Civic Virtue: Lessons from A Citizen Deliberation Experiment", in *European Political Science Review*, 2010(2).

Maija Setälä, Kimmo Grönlund and Kaisa Herne, "Citizen Deliberation on Nuclear Power: A Comparison of Two Decision – Making Methods", in *Political Studies*, 2010(58).

Kimmo Grönlund and Maija Setälä, "In Honest Officials We Trust: Institutional Confidence in Europe", in *The American Review of Public Administration*, 2012(42).

Kim Strandberg and Kimmo Grönlund, "On – line Deliberation and Its Outcome–Evidence from the Virtual Polity Experiment", in *Journal of Information Technology & Politics*, 2012(9).

Lois Tyson: *Critical Theory Today*. Routledge, 2006.

Luke Goode, *Jürgen Habermas: Democracy and the Public Sphere*. Pluto Press, 2005.

Melissa Schwartzberg, *Democracy and Legal Change*. Cambridge University Press, 2007.

Melissa Schwartzberg, *Counting the Many*. Cambridge University Press, 2013.

Michael J. Sandel, *Liberalism and the Limits of Justice*. Cambridge University Press, 1998.

Nancy Burns, Kay Lehman, Schlozman, Sidney Verba, *The Private Roots of Public Action: Gender, Equality, and Political Participation*. Harvard University Press, 2001.

Nancy Fraser, "Identity, Exclusion, and Critique: A Response to Four Critics", in *European Journal of Political Theory*, 2007(6), p. 331.

Nancy Fraser, *Unruly Practices: Power, Discourse, and Gender in Contemporary Social Theory*. University of Minnesota Press, 1989.

Nancy Fraser, *Justice Interruptus: Critical Reflections on the "Postsocialist" Condition*. Routledge, 1997.

Nancy Fraser, Axel Honneth, *Redistribution or Recognition?: A Political-Philosophical Exchange*. Verso, 2003.

Nancy Fraser and Pierre Bourdieu, *Inequality and Social Justice*. Routledge, 2007.

Nancy Fraser, *Scales of Justice: Reimagining Political Space in a Globalizing World*. New York: Columbia University Press, 2009.

Nancy Fraser: "Who Counts?", in *TransEuropeenes*, 2012.

Niccolò Machiavelli, *The Prince*, trans. by Harvey C. Mansfield. The University of Chicago Press, 1998.

Niccolò Machiavelli, *Discourses on the First Decade of Titus Livius*, trans. by Ninian Hill Thomson. The Pennsylvania State University Press, 2007.

Nicholas Rescher, *Fairness: Theory & Practice of Distributive Justice*. Transaction Publishers, 2002.

Norberto Bobbio, *The Future of Democracy: A Defence of the Rules of the Game*, trans. by Roger Griffin. University of Minnesota Press, 1987.

Norberto Bobbio, *Democracy and Dictatorship: The Nature and Limits of State Power*, trans. by Peter Kennealy. University of Minnesota Press, 1989.

Norberto Bobbio, *Left and Right: The Significance of a Political Distinction*, trans. by Allan Cameron. University of Chicago Press, 1993.

Richard W. Miller, *Globalizing Justice*. Oxford University Press, 2010.

Richard P. Appelbaum and William I. Robinson (eds.), *Critical*

Globalization Studies. Routledge, 2005.

Robert A. Dahl, *On Democracy*. Yale University, 1998.

Robert Barros, *Constitutionalism and Dictatorship*. Cambridge University Press, 2002.

Robert B. Pippin and Otfried Höffe, *Hegel on Ethics and Politics*. trans. by Nicholas Walker. Cambridge University Press, 2007.

Robert E. Goodin, *Innovating Democracy: Democratic Theory and Practice After the Deliberative Turn*. Oxford University Press, 2008.

Robert Goldwin & William Shambra (eds.), *How Democratic is the Constitution?* American Enterprise Institute, 1981.

Ronnie Lippens (ed.), *Imaginary Boundaries of Justice: Social and Legal Justice across Disciplines*. Hart Publishing, 2004.

Roy Bhaskar, *Dialectic: The Pulse of Freedom*. Routledge, 2008.

Russell Hardin, *Liberalism, Constitutionalism, and Democracy*. Oxford University Press, 1999.

S. Thompson, "On the Circularity of Democratic Justice", in *Philosophy and Social Criticism*, 2009(9), p.1080.

Seyla Benhabib (ed.), *Democracy and Difference: Contesting the Boundaries of the Political*. Princeton University Press, 1996.

Seyla Benhabib, *The Claims of Culture: Equality and Diversity in the Global Era*. Princeton University Press, 2002.

Seyla Benhabib, *The Rights of Others: Aliens, Citizens and Residents*. Cambridge University Press, 2004.

Seyla Benhabib, *Another Cosmopolitanism: Hospitality, Sovereignty and Democratic Iterations*. Oxford University Press, 2006.

Seyla Benhabib, *Dignity in Adversity. Human Rights in Troubled Times*. Polity Press, 2011.

Siobhán Harty and Michael Murphy, *In Defence of Multinational Citizenship*. University of Wales Press, 2005.

Stephen Mulhall, Adam Swift, *Liberals and Communitarians*.

Blackwell Publishing, 1996.

Ulrich Beck and Elisabeth Beck – Gernsheim, *Individualization: Institutionalized Individualism and its Social and Political Consequences*. Sage, 2002.

William E. Scheuerman, *Frankfurt School Perspectives on Globalization, Democracy, and the Law*. Routledge, 2008.

Zsuzsanna Chappell, "Justifying deliberative democracy: Are two heads always wiser than one?", in *Contemporary Political Theory*, 2011(1).

Zsuzsanna Chappell, *Deliberative Democracy*. Palgrave Macmillan, 2012.

后　记

本书得以成稿首先要感谢复旦大学的陈学明教授。当我表示要在批判理论的语境下研究协商民主时,陈老师给予了充分的肯定和支持,从书名确定到书稿完成的各个环节,陈老师都进行了耐心的指导。陈老师是有信仰、有理想、有原则的学者,这在尘嚣喧杂的当下难能可贵。他对现实的关切和对理论的执着感染,更激励我不断努力。其次要感谢我的博士导师、复旦大学的王凤才教授。王老师是我的学术指引者,他在批判理论和德国哲学方面有精深造诣,他对批判理论的实质、分类和发展脉络等的论述为本书提供了研究范式。他与国际哲学界,尤其是法兰克福学派(他是法兰克福大学社会研究所的高级访问研究员)有广泛而密切的联系,为我获得最前沿的学术资料和信息搭建了平台。

华南师范大学的王宏维教授在研究方法上给了我很深的启发:当女性主义研究者争取女性主义"正统化"时,王老师主张女性主义不一定要主流化,边缘性可以使其保持批判性和反思性。此外,处于"边缘"更容易开展跨学科研究,促进理论创新。这一理念开阔了我的研究思路,"去野外挖宝",当遇到理论或实践困惑时,有意识地用"非主流"视角看问题,往往会有意想不到的收获。本书也是在这一理念的指导下进行的,学界对批判理论和协商民主的研究颇多,但把两者结合起来的甚少。协商民主是批判理论的反思精神的具象化，脱离批判理论就无法准确把握协商民主的实质，因此有必要把两者结合起来考察。

本书是我的博士论文的延续，博士论文是对南希·弗雷泽的正义理论的全面评述，弗雷泽在构建其一元三维正义体系之后，试图寻找一种以"参与平等"为核心的民主模式，作为正义的实现途径，这个民主模式就是协商民主。协商民主理论自20世纪中后期在西方兴起以后，一直被左派视为激进政治变革的最优方案。它的核心原则是参与和反思，旨在使每个人的合理诉求都能得到倾听、尊重和实现。这与批判理论家对正义社会的构想不谋而合。在中央编译局从事博士后研究期间，我的合作导师陈家刚教授把他的全部研究资料和成果赠与我，敦促我整理国外研究协商民主的人物表，为本书打下了坚实的基础。陈老师参与并见证了我国协商民主建设的全过程，有丰富的理论和实践经验，他就本书提出了诸多意见，也为日后的研究指明了方向。在上述思考的基础上，我把本书的核心内容整理成一篇3万字的文章，发表于《国外马克思主义研究报告2014》，此文的写作和发表得到复旦大学汪行福教授的大力帮助，他鼓励我把此文扩展成书，特此表示感谢。

本书还得到中国社会科学院郑一明教授、复旦大学张双利教授、东华大学王治东教授、李炜教授，以及我的博士后导师、北京师范大学周凡教授的鼎力支持。感谢重庆出版社的徐飞编辑的辛勤和努力。